当代少年儿童 小四库全书

《论语》选注

赵泓 ◇ 选注

晨光出版社

图书在版编目（CIP）数据

《论语》选注 / 赵泓选注. -- 昆明：晨光出版社，2024.9. -- (当代少年儿童小四库全书). -- ISBN 978-7-5715-2455-5

Ⅰ.B222.2-49

中国国家版本馆CIP数据核字第2024ST9982号

出 版 人	杨旭恒	排 版	云南安书文化传播有限公司
		印 装	云南出版印刷集团有限责任公司华印分公司
策 划	杨旭恒		
责任编辑	贾 凌 魏 宾 刘 敏	经 销	各地新华书店
装帧设计	唐 剑	版 次	2024年9月第1版
责任校对	杨小彤	印 次	2024年9月第1次印刷
责任印制	廖颖坤	书 号	ISBN 978-7-5715-2455-5
出版发行	晨光出版社	开 本	787mm×1092mm 1/32
邮 编	650034	印 张	9.5
地 址	昆明市环城西路609号新闻出版大楼	字 数	140千
电 话	0871-64186745（发行部）	定 价	42.80元

晨光图书专营店：http://cgts.tmall.com

总　序 / 001

导　言 / 005

凡　例 / 019

学而篇第一 / 001

为政篇第二 / 017

八佾篇第三 / 034

里仁篇第四 / 040

公冶长篇第五 / 054

雍也篇第六 / 073

述而篇第七 / 085

泰伯篇第八 / 103

子罕篇第九 / 113

乡党篇第十 / 127

先进篇第十一 / 134

颜渊篇第十二 / 149

子路篇第十三 / 168

宪问篇第十四 / 189

卫灵公篇第十五 / 202

季氏篇第十六 / 226

阳货篇第十七 / 236

微子篇第十八 / 252

子张篇第十九 / 256

尧曰篇第二十 / 273

总序

"小四库"丛书的选题是十年前我与杨旭恒社长共同策划的,经过多年酝酿与准备,进行了调研论证,并征求了不少学者专家的意见,得到了作者们的大力支持,现在陆续成书出版。

"小四库"是一套比较全面、系统的传统文化典籍入门读本,是一套能让孩子津津有味地自学,同时又不降低国学经典的品格,让孩子树立对传统文化的敬仰与热爱的知识性读本。

要打好传统文化的底子,童子功很重要。让孩子从小养成诵读国学经典的习惯,增加中小学生经典名著课外阅读,已经成为全社会的共识。

"小四库"对传统文化经典名著加以有针对性的精选与注释、评析、导读,在传统文化国学经典领域基本涵盖了教育部指定书目范围,目标定位是引导孩子从小接触到原汁原味的中华传统文化母乳，帮助孩子打好学问基础，培养对传统文化的兴趣，对国学经典有初步的认识与了解，强化补充中小学课外文史类书籍阅读，大幅度提升古文以及语文、历史等科目的阅读能力，开拓知识面。

明代陆世仪为5岁至15岁的学生制定"十年诵读"的阅读书目。在今天的社会环境里，"十年诵读"应略加调整为8岁至18岁。"小四库"读者目标主体是小学至高中的青少年，这是诵读国学经典最理想的年龄段，也是学生在精神上生长发育的关键时期。

限于国学经典大部分不宜或无法对内容作低幼化处理，"小四库"主要通过精选、注释、评析、导读，使经典著作相对简化、通俗化，具有相对的易读与可读性，在小学阶段提倡家长伴读，在初中、高中期间逐步导入独立阅读。"小四库"不仅有益于小读者提高语文、历史等功课的成绩，还能奠定扎实的文史功底，构筑中国传统文化基础，让小读者受益终身。

"小四库"书目基本取材于《四库全书》，但不限于《四库全书》范围，因为乾隆时代以后又有了不少经典著作，如王国维的《人间词话》。在作者年代上大致是从古代至清末民国，所选著作均以文言撰写，所选书目均是史有定论的经典，同时内容又适合中小学生阅读。丛书文本借鉴集纳采用各家整理校注成果，参考通行的权威选本、注本进行编辑选择加工，一般不作新的探讨论证。

这套丛书与已有的各种古典名著全译、选译、导读丛书相比，在篇幅上体量更轻，更便于课外阅读，使孩子容易得到成就感从而喜爱阅读，养成阅读习惯，从小博览群书。通过"小四库"为孩子长大以后阅读原著做好铺垫，让小读者达到尝鼎一脔的效果。

希望"小四库"能成为孩子入学的礼品书，成为陪伴孩子读完小学、初中、高中的一套大书。让孩子按照自己的兴趣随意选择，循序渐进，通过阅读或浏览"小四库"对中国古代文化典籍有较全面的初步了解，通过试读、选读萌生深入阅读的兴趣，引导孩子学会自己找书读，在成年后进而追根求源阅读经典原著。对绝大多数不从事国学专业研究工作的读者来说，读了"小四库"，即使以后不再去读经典原著，也基本上能掌握中国传统文化的精华。

2023 年 1 月 17 日北京

《论语》是一部主要记载孔子及其弟子言行的书。它作为儒家的经典之一,是研究孔子及儒家思想最重要的文献。

一、《论语》的成书经过及流传

《论语》这部书是怎样形成的呢?相传孔子去世后,他的弟子们担心大家各自散去,孔子的教诲因此湮没不彰,或因为各人记忆的偏差远离孔子的旨意,所以他们在给孔子守丧期间,将自己的见闻记录下来。在服丧的这几年里,孔门弟子编成了一本类似孔子言行录的简册,这是《论语》最初的形态,但还算不上一部书。

现在见到的《论语》并非孔门弟子最初编纂的原始本,因为后来经过多次筛选和编纂,现存本有不少内容是孔子再传弟子补充修改的。《论语》最初的资料虽然来源于孔子的直系弟子,但最后的编定者却是孔子的再传弟子,时间大概在战国初期。

《论语》作为书名始见于《礼记·坊记》,其中有:"《论语》曰:'三年无改于父之道可谓孝矣。'"由《坊记》的创作时间可知,《论语》之名在战国中期就有了,不过直到汉代,《论语》也常被学者简称为《传》或《记》(汉儒把解释或注释经典的文字称作"传"或"记"),目的是把它们与"经"区别开来。

先秦时期文章的流传方式以口传心授为主,以文字传抄为辅,因此战国时期传抄本有《古论》《齐论》和《鲁论》三种,它们的文字和编排略有差异,这是口传不同造成的。西汉末年,安昌侯张禹以《鲁论》为依据,参以《齐论》,编成《张侯论》一书。张禹是汉成帝的老师,地位崇高,所以他的这本书为当时的儒生所尊奉。东汉末年汉灵帝时所刻的《嘉平石经》就是用的《张侯论》,这是官方推出的第一部《论语》定本。东汉经学家郑玄又以《张侯论》为底本,参照《古论》撰成《论语注》,这标志着《论语》一书整理与定稿工作的完成。郑氏《论语注》为后世所推崇,至唐代一直是人们修习《论语》的主要文本。《论语》之名遂在东汉逐渐固定下来。

三国时期出现了不少《论语》学者,其中以王弼、何晏最为著名。何晏著有《论语集解》,这部书广泛选录了两汉学者对《论语》的解释,同时受魏晋玄学的影响,促进了经学玄学化的发展。

北宋初年,科举考试除诗、赋、论、策之外也考《论语》,这样,《论语》的地位有所上升,促使士子认真研读。南宋时期,朱熹作为理学的集大成者,最先将《大学》《论语》《孟子》《中庸》刊刻在一起,合称"四书",并作详细的章句集解。朱熹视《论语》为"四书"的根本,使《论语》在儒家经典中拥有最尊崇的地位。他说:"先读《大学》,以定其规模;次读《论语》,以立其根本;次读《孟子》,以观其发越;次读《中庸》,以求古人之微妙处。"(《朱子语类》)明代以后,"四书"的"朱熹注"被朝廷指定为科举考试的标准答案,朱注"四书"成为学生的必读书。

清代学术繁荣,经学家甚众,《论语》的研究进入鼎盛期。众多成果当中,以刘宝楠的《论语正义》最为著名,这是有着集大成性质的《论语》注释本。

民国至今,研究《论语》的著作迭出,其中的代表作主要有程树德的《论语集释》,杨树达的《论疏证》，杨伯峻的《论语译注》，南怀瑾的《论语别裁》，钱穆的《论语新解》，李泽厚的《论语今读》等，这些著作风格各异，亦各有所长，是学习《论语》的重要参考书。对于初学者而言，杨伯峻的《论语译注》较为合适，它较少个人阐发，而以注释准确、译注平实见长。

二、《论语》的编辑特征

《论语》的体裁为语录体，内容主要包括：孔子回答弟子之问；孔子回答当时人（鲁国君等）之问；弟子互相传的孔子的话；弟子之间的交谈等。

按字义，"论"是将竹简编集在一起的意思；"语"是谈话的意思。"论语"就是辑录孔子应答弟子和时人的谈话。《汉书·艺文志》记载："《论语》者，孔子应答弟子时人及弟子相与言而接闻于夫子之语也。当时弟子各有所记。夫子既卒，门人相与辑而论纂，故谓《论语》。"

《论语》成书年代较早，那时候图书的编辑还没有形成固定的体例和格式，甚至书名都是后来才有的。篇名也只是取句首两个或三个字，并无特别的含义，更不能涵盖全篇内容，如《学而篇》就取自首句"学而时习之"的"学而"二字。篇章结构并不严谨，无非将大致相近的内容编排在一起，驳杂不纯，有些篇章之间、上下文之间，不一定有紧密的逻辑联系。《论语》按篇章编排，这种语录体倒适合竹简这样的载体，因为每段话都相对独立，所以这些篇章结构虽然有些散乱，但大家仍然能够接受。

关于《论语》篇章之间有无内在联系，一直以来学者都有不同看法。如杨伯峻认为"这些篇章的排列不一定有什么道理，就算前后两章间，也不一定有什么关联"。朱熹比较折中，认为《论语》的某些篇章因为主旨相近而被放在一块儿，并对其中九篇的主旨进行概括，比如"《八佾》皆论礼乐之事"。南怀瑾认为"《论语》是不可分开的，《论语》二十篇，每篇都是一篇文章，甚至整个二十篇《论语》连起来，是一整篇文章"（《论语别裁》）。

客观地讲，《论语》中不少篇章因为涉及的内容相近，编排时确实放在一起。各篇主旨大致如下：《学而篇》论述为学与修身的路径；《为政篇》论为政之道；《八佾篇》论礼乐制度；《里仁篇》谈何为仁以及如何去实践仁；《公冶长篇》记录孔子对弟子以及时人的评价，也包含对孔子自己的评价；《雍也篇》侧重谈君子修养；《述而篇》辑录孔子关于治学和教育的言论；《泰伯篇》谈为政之道，侧重有位者如何施政;《子罕篇》为孔门弟子对孔学的评论,以及孔子对弟子进学的劝勉;《乡党篇》主要记录孔子言谈举止和日常习惯;《先进篇》论孔子教育及其弟子的评论;《颜渊篇》探讨怎样的行为才称得上仁,以及为政之道;《子路篇》讲为人和治国理政之道;《宪问篇》讲如何成为治国安邦的君子;《卫灵公篇》讲述以德治国的道理;《季氏篇》谈治国和做人的经验;《阳货篇》记录孔子言行,阐发礼法治国之道;《微子篇》记录孔子求职的遭遇和逸民隐者事迹;《子张篇》记录孔门弟子探讨为道的言论和对孔子的评价;《尧曰篇》是圣贤的言论和孔子对于为政的论述。

但是,各篇的编排确实不够紧凑,有些篇章内容重复,且较为杂乱,如《雍也篇》前面一部分接续《公冶长篇》品评人物,跟后面的主旨不一。《学而篇》讲为学之道,但差不多一半的内容与为学无直接关联。《为政篇》论为政之道,但"温故而知新""学而不思则罔"等章又都是谈治学的。《微子篇》后面三章也跟全篇主旨无关。尤其是《论语》重复或部分重复的文字有二十多处,如《学而篇》有"不患人之不己知,患不知人也"。《里仁篇》和《宪问篇》又出现"不患莫己知,求可为也""不患人之不己知，患其不能也"。《雍也篇》讲"君子博学于文，约之以礼，亦可以弗畔矣夫"。《颜渊篇》又重复出现。之所以存在这些问题，一是那时候对图书的体例并无严格规定，对内容的选择较为随意；二是《论语》的编辑经过多人之手，加之在竹简上处理文字并不方便，有些重复之处未能发现，经过多次编辑又发生了错简（竹简前后次序错乱）的情况。

《论语》虽然在编辑上存在一些缺憾，但因为是语录体，即使上下文之间联系不够紧密，总体上也并不影响阅读，且大多数文字都值得细细品味、咀嚼。

三、《论语》适合儿童和大众阅读

在所有的儒家经典中，《论语》是最生动有趣的一部。《论语》中孔子形象生动，有着普通人的喜怒哀乐，以及优点和缺点，绝非经过后世神化、偶像化的一丝不苟的圣人。如孔子想去见卫灵公的夫人南子，因为这个人名声不好，子路不高兴，孔子便诅咒发誓："我若做得不对，天厌弃我！"（《雍也篇》："予所否者，天厌之！"）《论语》中很少有枯燥的说教，更多的是从日常小事中总结出的道理，如有人向微生高讨点醋，他家里没有，却找邻居讨来给这个人。孔子认为微生高不够直爽。（《公冶长篇》："孰谓微生高直？或乞醯（xī）焉，乞诸其邻而与之。"）有次子贡讥评别人，孔子责备他说："你就那么好吗？我可没这个闲工夫。"（《宪问篇》："子贡方人，子曰：'赐也，贤乎哉？夫我则不暇。'"）孔子和学生关系融洽，感情笃厚。他最喜欢的学生颜回不幸早死，孔子悲痛欲绝："哎呀！老天爷要我的命啊！老天爷要我的命啊！"（《先进篇》："噫！天丧予！天丧予！"）

《论语》文字通俗，基本上是当时的口语。除了少数篇章，很多都是由短句或格言组成，读起来朗朗上口，如"己所不欲，勿施于人""德不孤，必有邻""三十而立""四海之内皆兄弟也""君子成人之美，不成人之恶""小不忍则乱大谋""三人行必有我师焉""欲速则不达"等等，明白易懂且富含哲理。

《论语》是教人如何做人的一本书。顾颉刚先生说："我们读《论语》便可知道，它的修养的意味极重，政治的意味很少。"（《春秋时代的孔子和汉代的孔子》）《论语》讲的大多是身边的道理，文字也温润质朴，很能传达人性之美，适合少年儿童阅读学习。不过有些句子看似浅显，但需要积累一定的阅历之后才能体会其中的奥妙，回过头去读又会有更深的领悟。这便是《论语》作为经典阅读的魅力所在。总之,《论语》既可作为中小学生的修身课本,也适合成人阅读,可谓老幼皆宜。

在古代,《论语》被当作幼童教科书使用。东汉崔寔(shí)的《四民月令》上讲,十一月正值农闲季节,小孩子入学读书,将《孝经》《论语》作为入门书:"砚(yàn)水冻,命幼童读《孝经》《论语》篇章,入小学。"据史料记载:东汉经学家范升,九岁通《论语》《孝经》;东汉名将马续,"七岁能通《论语》,十三明《尚书》,十六治《诗》,博观群籍,善《九章算术》"(《后汉书》)。唐初李恕《戒子拾遗》说:"男子六岁,教之放名(辨别东西),七岁读《论语》《孝经》,八岁诵《尔雅》《离骚》,十岁出就师傅。"南宋时朱熹把《论语》定为"四书"之一,成为儿童必读课本。明清时儿童入学先读《三字经》《百家姓》《千字文》,然后是《幼学琼林》《千家诗》之类的通俗读物,接着读"四书"。但到此时,这些十岁不到的学童阅读《论语》不再像汉代那么轻松,因为过去了一千多年,汉代觉得很平白的文字,到了明清以后就不那么容易懂了。

今天,《论语》虽然也适合儿童阅读,但不再被看作浅显的入门书。据报道，杨叔子院士当华中理工大学（现华中科技大学）校长时，要求博士生参加论文答辩前，必须背诵整本《老子》和《论语》的前七篇。这一方面说明《论语》对传承中华传统文化具有重要意义，另一方面也说明即使高学历人士，阅读《论语》也未必是件轻松的事。所以，对少年儿童阅读《论语》给予恰当的指导，是有必要的。

四、怎样读《论语》

钱穆先生的《劝读论语和论语读法》一书，是他几十年阅读《论语》的心得，为学习《论语》提供了很好的方法。他指出读《论语》可分章读，遇到不懂的地方不妨暂时跳过，等读过一两遍，从前不懂的逐渐可懂。反复读过十遍八遍，就可以弄通十分之六七。他建议至少每年读一遍《论语》。对于有志深读精读《论语》的人，他推荐阅读魏何晏的《论语集解》、宋朱熹的《论语集注》、清刘宝楠的《论语正义》这三种书。

我个人有两点建议供初学者参考：

一、阅读要结合历史背景和孔子思想。《论语》里面的人物对话因为缺乏历史背景和具体语境介绍，在阅读过程中容易造成困难或理解上的偏差。要想更好地了解《论语》,就得先了解孔子和他所处的时代。司马迁的《史记·孔子世家》和《史记·仲尼弟子列传》是了解孔子及其弟子生平的重要文献。对于中等以上文化程度的读者,也可以找来《孔子家语》一读,这是一部记录孔子及孔门弟子思想言行的著作。

孔子生活在春秋时期,周室衰微,礼乐征伐不再出自天子,而是出自诸侯。孔子认为,西周初期创立的礼乐制度及其文化是最理想的。由于鲁国为周公的封邑,礼乐制度保存完好,这为孔子传扬周礼提供了有利条件。周礼的特点是它以身份认定人的阶层、权利和责任,按各自身份和职责做好分内之事,即"君君,臣臣,父父,子子"(《颜渊篇》)。所以孔子讲正名,讲克己复礼,就是主张恢复周礼,"郁郁乎文哉,吾从周"(《八佾篇》)。

孔子推崇中庸之道,认为中庸是最高的道德标准。弟子们形容他"温而厉,威而不猛,恭而安",正符合中庸的特征。中庸实际上就是指待人接物分寸恰到好处,看待事物不偏激,处理事情不走极端。孔子的思想言行无不从中庸的角度出发。

孔子也是原则性很强的人。他爱憎分明,认为"匿怨而友其人,左丘明耻之,丘亦耻之"(《公冶长篇》)。有人问他"以德报怨"如何,他反问这样"何以报德?"主张"以直报怨,以德报德"(《宪问篇》)。

总之,我们读《论语》时,对文字的理解要尽量靠近孔子的想法,这样就不容易发生偏差。若不是孔子的想法,那就有误读的可能了。

二、要结合上下文或其他文字去理解。《论语》成书过程中,文字写在竹简上,字数需要节省,不可能把前因后果都讲清楚,这就造成了理解上的困难。因此,对《论语》某些语句的解释,自古便有分歧。我们现在看到众多的《论语》译注本,即便是最权威的版本,也不能保证对每一句原文理解正确,只不过好的版本错误相对少一些罢了。当各家注本出现不同解释的时候,我们一要看哪种解释更符合孔子的思想主张,二要看它跟书中其他地方的原文观点上有何一致,不妨把它们串起来理解。这有些类似清初大学者万斯大提出的"以经解经"的方法,区别在于它是用诸经经文相互印证,这里则是"用《论语》证《论语》"。

孔子讲过"吾道一以贯之",意思是我讲的道,可以拿一个主张贯串起来,这个主张即忠恕之道。比如"无友不如己者"(见《学而篇》,《子罕篇》有重复），照字面的理解，是说不要跟不如自己的人交朋友，但大家若都这样，那谁也交不到朋友。但孔子也说过"三人行，必有我师焉"，所以这句话可以理解为"不要跟与自己不是同一类的人交朋友"，或者"没有不如自己的朋友"，谓每个人都有所长。这样解释都说得通。再比如《为政篇》"攻乎异端，斯害也已"有好几种解释，常见的说法是"攻击异端邪说，祸害就停止了"。但根据上下文理解会更接近孔子的本意。结合上一句"子曰：学而不思则罔，思而不学则殆"，可以了解到"异端"指的是事物两端中的另一端，"学"与"思"便互为异端。"攻"的本义一为"治"，即攻治，意为专攻、致力于；二为"伐"，即攻伐，意为攻击、讨伐。这里是"攻治"的意思。此句可译为"治学偏执于一端，这是有害的"。孔子在这里是在讲学和思应当兼顾的道理，正如"质"和"文"，相辅相成，只有执其两端，中道才会显现其中，而专攻于一端，则偏而不中。（《雍也篇》："质胜文则野，文胜质则史。文质彬彬，然后君子。"）这跟孔子的中庸思想是吻合的。孔子说："有个乡下人问我，心意是那么诚恳。我根据他所提问题的首尾两端反过来问他，直到弄明白了才告诉他。"（《子罕篇》："有鄙夫问于我，空空如也。我叩其两端而竭焉。"）"叩其两端"便是孔子思考问题的习惯和方法。

我们读《论语》遇到费解的句子，不能靠主观猜想。除了弄懂字义外，还要琢磨孔子是怎么想的。不断阅读《论语》，就是不断接近孔子、认识孔子的一个过程。

2023年1月15日于贵阳未来方舟

本书原文选自杨伯峻《论语译注》,中华书局简体字本,2017年第2版。除少数标点符号外,原文未做改动。

未收录的原文基于以下考虑:(一)重复或基本重复的;(二)因为错简或其他原因语义未明的;(三)价值相对不大的;(四)不大适合青少年阅读的;(五)篇幅过长的。

原文中的难字、生僻字一律注音释意,注释及评析中出现的难字则只注音。

已作注释的字句、人名等,后面出现时不再重复注释,确有必要,则参见前注并作说明。

每篇由原文、注释、译文和评析构成。译文以直译为主,评析旨在有助于理解原文。

学而篇第一

子曰①:"学而时习②之,不亦说③乎?有朋④自远方来,不亦乐乎?人不知而不愠⑤,不亦君子⑥乎?"

【注释】

①子:古时对有地位、有学问的男子的尊称,有时也泛称成年男子。这里特指孔子。《论语》中"子曰"的"子"都是孔子的学生对孔子的称呼。曰(yuē):说。

②时:时常。习:有多重含义,可以理解为复习、温习,也可作研习、实践。

③说(yuè):同"悦",高兴,愉快。《论语》中"悦"均写作"说"。

④朋:字的本义是指同门,一同学习者。《易·兑》:"君子以朋友讲习。"孔颖达疏:"同门曰朋,同志曰友。"

⑤愠(yùn):生气,恼怒。

⑥君子:指有才德的人。最初君子、小人主要作为社会阶层的称呼,到了春秋时期,君子、小人在保留身份地位本义的同时,也赋予了道德高下的评判。在《论语》中,君子的含义不尽一致,但主要指既有社会地位

又有品德和才能的人。《论语》中出现君子与小人的语句，需要根据具体语境去理解其含义所在。

【译文】

孔子说："学习，经常实践它，不也是高兴的事吗？有志同道合的人从远方来，不也是快乐的吗？人家不了解我，我却不怨恨，不也是君子吗？"

【评析】

这是《论语》开篇三句，蕴含着儒家的大智慧，说的是学习之道、交友之道和处世之道，但这三句话之间又有关联，体现了求知的三重境界。朱熹说它是"入道之门，积德之基"，评价极高。孔子以六艺为教学内容，一边学习一边实践，"学"和"习"从不脱节，相辅相成。孔子经常带学生习礼就体现了这一教学特点。孔子还鼓励学生互相切磋、交流，所以有志同道合的人远道而来跟自己交流，是件十分快乐的事情。《礼记·学记》上讲："独学而无友，则孤陋而寡闻。"最后，读书人要明白学习的目的是提高自身修养，致力于推行仁道，不要怕别人不知道自己学问有多大。所以本篇结尾讲到"不患人之不己知，患不知人也"。

有人认为本章是孔子对自己一生的总结和真实写照，这么理解也不错。孔子"学而不厌，诲人不倦""发愤忘食，乐以忘忧"（《述而篇》），说明他在学习和教书育人的过程中享受到了快乐。"有朋自远方来"，谓众多弟子从四面八方投到自己门下，这当然是件快乐的事情。孟子说君子有三乐，其中一乐便是"得天下英才而教育之"（《孟子·尽心上》）。孔子一生追求道，虽然自己的主张经常不被人理解和采纳，但"人不知而不愠"，坚信"朝闻道，夕死可矣"（《里仁篇》）。这种追求真理、乐观自信的精神令人敬仰。

有子①曰："其为人也孝弟②，而好犯上者，鲜③矣；不好犯上，而好作乱者，未之有也。君子务本④，本立而道⑤生。孝弟也者，其为仁之本与⑥！"

【注释】
①有子：孔子学生，姓有，名若，字子有。
②孝弟（tì）：子女侍奉父母称孝，弟弟尊敬兄长称弟。弟，同"悌"。

③鲜（xiǎn）：少。

④务：专心，致力于。本：根本。

⑤道：仁道，即社会道德、伦理思想总的规律和规范。

⑥仁：本义是对人友爱、相亲。后来孔子将其作为最高的道德准则，孔学也因此被称为仁学。与（yú）：同"欤"，语气词，《论语》中"欤"均写作"与"。

【译文】

有子说："若他的为人，孝敬父母，友爱兄长，却爱冒犯上级，这种人极少见；不爱冒犯上级，却喜欢造反，这种人绝对没有。君子从根本上做起，有了根本，'道'就自然产生了。孝悌就是仁的根本啊！"

【评析】

孝悌为人伦之本，对父母孝敬，对兄弟友爱，这是人性的自然流露，也是对人的基本要求。儒家极为重视孝悌，并将其作为儒家思想核心"仁"的根本。"本立而道生"，这里的"道"指的是"仁道"，孝悌是仁道的根本。儒家强调以己推人的仁爱，若对自己的至亲都不孝敬、友爱，这个人还会对没有血缘关系的人有仁爱之心吗？古代将孝悌忠信礼义廉耻称为

"八德",这是中华传统文化的核心。其中,孝悌作为最具代表性的中华传统美德,居于最重要的位置。本章也谈到守孝悌的人不会犯上作乱,因为孝悌讲等级秩序,对父母兄长孝敬、友爱的人,很懂长幼尊卑的规矩,自然会尊敬长辈和上司。当然也有少数例外。

曾子①曰:"吾日三省②吾身:为人谋而不忠③乎?与朋友交而不信④乎?传不习⑤乎?"

【注释】

①曾子:孔子的学生,名参(shēn),字子舆。春秋末期鲁国人。曾参是孔子晚年弟子,孔门七十二贤之一,相传著有《大学》《孝经》。与颜回、子思、孟子并称"孔门四圣"。在《论语》中,孔门弟子当中收录的言论最多的便是曾参。

②三省(xǐng):多次进行自我检查。三,泛指多次,并非实指。

③为人谋:替人谋划事情。忠:竭尽自己的心力。

④信:诚信。

⑤传(chuán):传授,这里指老师传授的知识。习:和"学而时习之"的"习"意思一样。

【译文】

曾子说:"我每天都多次自我反省:替别人办事有没有竭心尽力?跟朋友交往够不够诚信?老师教给我的知识是否已经实践过了?"

【评析】

反省是增强自身修养、实现提升自我的重要途径。通过不断地自我反省,发现自身存在的不足,并加以改进,这样才能不断进步。世人有个通病,就是喜欢找别人的缺点和不足,自己到底如何往往并不清楚,正所谓自知最难。要正确认识自己,提升自己,内省是必备的功夫。怎样自我反省呢?曾子讲的这三点可以概括为三个字:忠、信、行。忠就是替人办事要尽心尽力,这样人家才会信任你;信就是跟人交往要有诚信,人无信不立,诚信是立足之本;行就是学到的知识要落实到行动上,不要夸夸其谈,要用实际行动证明自己。

子曰:"道千乘之国①,敬②事而信,节用而爱人③,使民以时④。"

【注释】

①道(dǎo):治理。千乘(shèng)之国:乘,表示兵车的量词。古代四匹马拉一辆兵车,称作"乘"。兵车辆数的多寡是一个国家强弱的标志。在孔子时代,千乘之国算得上一个中等的诸侯国。

②敬:兢兢业业。如《卫灵公篇》"事君敬其事而后其食"。

③人:这里"人"与下面的"民"对举而言,当指士大夫以上的统治阶层。

④使:役使。民:指下层老百姓。时:指农闲的时候。

【译文】

孔子说:"治理拥有一千辆兵车的国家,应该兢兢业业处理政务,恪守信用,节约用度,爱护官吏,只在农闲的时候差使百姓。"

【评析】

勤勉于政事,体恤下属,关心民众,这样的统治者才会受人拥戴。

子曰:"弟子①入则孝,出则弟,谨②而信,泛爱众③,而亲仁④。行有余力,则以学文⑤。"

【注释】

①弟子:一是指家中年龄小的男子,二是指学生。这里指前者。

②谨:谨慎少言,不轻易说话。

③泛:广泛。众:众人。

④仁:有仁心仁德的人。

⑤以:这里作"用"讲。学文:学习诗书礼乐、典章制度等文献知识。文,指古代文献。

【译文】

孔子说:"弟子们在家要孝顺父母,出外要尊敬兄长,要恭敬少言,言而有信,博爱民众,亲近有仁德的人。做好了这些还有余力,就可以学习文化知识。"

【评析】

做事先做人,而做人要从孝悌做起。孝悌做好了,就会懂得如何处世行事。懂得如何处世行事,还有余力,就可以学习书本知识。总之,做人摆在第一位,做学问摆在其次。这里谈"行有余力",就是讲把分内之事做好了还有足够的精力,就可以用来学习,子夏说的"仕而优则学,学而优则仕"(《子张篇》)跟这个道理相通。"优"就是"行有余力"的意思,"仕而优则学"就是说做官的人若还有剩余的精力,就要用来学习。

子曰:"君子不重则不威①,学则不固②。主③忠信,无友不如己者,过则勿④惮⑤改。"

【注释】

①重:庄重;自持。威:威严。
②固:固执。
③主:以……为主。
④过:过失。勿(wù):不要。
⑤惮(dàn):害怕。

【译文】

孔子说:"君子不庄重就不会有威严,经常学习就不会固执己见。以忠实诚信为本。不要跟与自己不是同一类的人交朋友,有错误不要怕改正。"

【评析】

君子须注意自己的一言一行，外表不庄重就难以树立威严。当然也不要端起架子，拒人于千里之外。君子往往外表严肃，但又平易近人，就像子夏形容他的老师孔子"望之俨然，即之也温，听其言也厉"（《子张篇》）。这才是君子的形象。"学则不固"，有人翻译为"学习了却并不牢固"，不妥。《子罕篇》："子绝四：毋意，毋必，毋固，毋我。""毋固"就是不要固执己见。不断学习才能开阔眼界，打破成见。"无友不如己者"，很多人直译为"不要跟不如自己的人交朋友"。若是这样，那谁又愿意跟自己交朋友呢？真实意思应该是"不要跟与自己不是同一类的人交朋友"，正如"道不同，不相为谋"（《卫灵公篇》）。或者"没有不如自己的朋友"，谓人各有所长。交友的目的在于与志同道合的人互相切磋，取长补短，共同成长，这才是结交朋友的价值所在。

子禽问于子贡①曰："夫子至于是邦②也，必闻③其政，求之与？抑与之与④？"子贡曰："夫子温、良、恭、俭、让⑤以得之。夫子之求之也，其诸⑥异乎人之求之与？"

【注释】

①子禽：姓陈，名亢（gāng），字子禽。有人说是孔子的学生，也有人认为不是。子贡：孔子的学生，姓端木，名赐，字子贡。曾任鲁国、卫国的丞相，还善于经商，是儒商的鼻祖。

②夫子：古代一种敬称，凡做过大夫的人都可被称为"夫子"。孔子曾为鲁国的司寇，故他的学生称他为夫子，后来夫子用来称呼老师，在一定的场合也用以特指孔子。是：这个。邦：这里指诸侯国。

③闻：本义为听见。这里指与闻，参与并知道的意思。

④抑：还是。与：前面的"与"是动词，给予的意思，后面的"与"是虚词，通"欤"。

⑤温、良、恭、俭、让：温和、善良、恭敬、节俭、谦让。

⑥其诸：或者，大概。表示不大肯定的语气。

【译文】

子禽问子贡："老师每到一个地方，必定与闻这个国家的政事，是求来的呢？还是人家邀请并告诉他的呢？"子贡说："老师凭着温和、善良、恭敬、节俭、谦让的品德得来的。老师这种求得的方法，或许不同于别人求得的方法吧？"

【评析】

孔子跟人打交道,靠的是人格和道德力量,因而得到尊重。孔子身上有"温、良、恭、俭、让"的优秀品德,连统治者都被这些可贵品德所吸引,这是常人难以企及的。什么是"温、良、恭、俭、让"?何晏在《论语注疏》里解释说:"敦柔润泽谓之温,行不犯物谓之良,和从不逆谓之恭,去奢从约谓之俭,先人后己谓之让。"一个人身上同时集中这五种美德,就会散发出人格魅力,统治者也会躬身相迎,坦诚相见。

有子曰:"礼①之用,和②为贵。先王之道,斯③为美,小大由④之。有所不行,知和而和,不以礼节⑤之,亦不可行也。"

【注释】

① 礼:儒家的一种社会道德伦理规范和生活准则,是对人与人之间贵贱、长幼、尊卑秩序的规定。在孔子思想体系中,礼与仁紧密相关,仁为主体,礼为功用。

② 和:调和。这里指合适、恰当。

③ 斯:这。

④小大:小事大事。由:遵循。
⑤节:节制,约束。

【译文】

有子说:"礼的作用,以恰当最为可贵。古时圣明君主治国之道,可贵之处就在这里。他们大事小事都遵循协调的原则去做。但也有行不通的时候,如果一味地为了和谐而和谐,而不用礼来加以节制,也是不可行的。"

【评析】

礼是针对人性的某些弱点(如自私、放纵等)而加以节制的手段,以防止极端和偏颇行为。荀子认为,人生来就有欲望,如果一味追求而不设置标准限度,就难免发生争夺,因此产生祸乱,"先王恶其乱也,故制礼义以分之"(《荀子·礼论》)。礼的作用就是节制人的欲望,使人们按照规矩行事,以恰到好处为上。"和"就是恰当。《中庸》里讲道:"喜怒哀乐之未发谓之中,发而皆中节谓之和。"(喜怒哀乐的情感没有发生,可以称之为"中";喜怒哀乐的情感发生了,但都能适中且有节度,可以称之为"和"。)"和"之所以可贵,就在于它有利于协调关系，化解矛盾，维护人际关系的和谐。

子曰："君子食无求饱，居无求安①，敏于事而慎于言，就有道而正焉②，可谓好学也已③。"

【注释】

①安：安逸。
②就：靠近，接近。正：纠正，改正。焉（yān）：语气词。
③也已：语气词。

【译文】

孔子说："君子吃不追求饱足，住不追求舒适安逸，做事灵敏，言谈谨慎，接近有道德的人纠正自己的错误，这就算好学的了。"

【评析】

孔子认为，精神享受当高于物质享受。他曾表扬颜回"一箪食，一瓢饮，在陋巷，人不堪其忧，回也不改其乐"（《雍也篇》）。但孔子并非一味地排斥物质享受，而是认为无论身处贫或富都应持平和、坦然的态度,要"贫而乐,富而好礼"(《学而篇》),尤其作为君子,要有更多的责任和担当。孔子还认为行胜于言,"君子欲讷于言而敏于行"(《里仁篇》),讲话须谨慎,行动要敏捷,要经常跟有道德的人打交道,这样才能扬长避短,在学习中不断进步。

子贡问曰:"贫而无谄①,富而无骄,何如?"子曰:"可也,未若贫而乐,富而好礼者也。"

【注释】

①谄(chǎn):巴结,奉承。

【译文】

子贡问道:"贫穷却不巴结人,富贵却不骄狂,怎么样?"孔子说:"可以,但不如贫穷而乐观,富有而喜好礼的人。"

【评析】

穷人地位低下,处于弱势地位,容易羡慕、崇拜有钱有势的人,逢迎巴结几乎成为常态。而富贵之人因为有优越感,自以为高人一等,因而容易骄狂。能做到"贫而无谄,富而无骄",已经难能可贵,但孔子认为还不够,不如"贫而乐,富而好礼",这是高于普通人的标准。

子曰:"不患人之不己知①,患不知人也。"

【注释】

①不己知:不知己的倒装。

【译文】

孔子说:"不怕没人了解自己,就怕自己不了解别人。"

【评析】

本篇开头说:"人不知而不愠,不亦君子乎?"结尾又讲"不患人之不己知,患不知人也",正好首尾呼应。《论语》其他篇也讲过不少类似的话。这说明孔子特别强调做好自己才是关键所在,正所谓"德不孤,必有邻"(《里仁篇》)。若自己真正优秀,就不用担心别人不了解自己,正如"桃李不言,下自成蹊"。

为政篇第二

子曰:"为政以德,譬如北辰①,居其所而众星共②之。"

【注释】

①北辰(chén):北极星。最靠近北天极的一颗恒星。因地球的自转,而北极星又处于天球转动的轴上,所以相对其他恒星静止不动。
②共:同"拱",环抱,环绕。

【译文】

孔子说:"依靠道德治国理政,自己要像北极星,处在一定的位置上,别的星辰都围着它。"

【评析】

领导者的位置摆正了,人民自然会愿意跟从。这里用北辰(北极星)比作领导者应处的位置,现在称为标杆、榜样。领导者发挥标杆、榜样的作用,人民就会拥护,一呼百应。

子曰:"《诗》三百①,一言以蔽②之,曰'思无邪③'。"

【注释】

①《诗》:《诗经》。我国最早的一部诗歌总集,收集了西周初年至春秋中叶(前11世纪至前6世纪)的诗歌,共311篇(其中有6篇只有标题没有内容,故通常认为只有305篇)。相传孔子曾编辑整理《诗经》。《诗》三百:这里说"三百",是举其整数。

②一言:一句话。蔽:概括。

③思无邪:这句出自《诗经·鲁颂·駉》。"思"原本是无义的语首词,孔子借用作"思想"解。无邪:没有邪念,即思想纯正。

【译文】

孔子说:"《诗经》三百篇,用一句话来概括,就是'思想纯正'。"

【评析】

孔子借用"思无邪"来评论整部《诗经》,虽然仅三个字,却十分精准。程颐说:"思无邪,诚也。"也就是说《诗经》不矫饰,表达直接、真实,流露出的是真性情。

子曰:"道^①之以政,齐^②之以刑,民免^③而无耻;道之以德,齐之以礼,有耻且格^④。"

【注释】

①道:同"导"。
②齐:使……整齐。引申为约束、规范。
③免:免罪,免刑。
④格:亲近,归顺。《礼记·缁(zī)衣篇》:"夫民,教之以德,齐之以礼,则民有格心;教之以政,齐之以刑,则民有遯心。"杨伯峻认为这话可以看作孔子此句的最早注释。此处"格心"和"遯心"相对成文,"遯"(dùn)即"遁",逃避的意思。逃避的反义则是亲近、归服、向往。

【译文】

孔子说:"用政令来引导,用刑法来约束,百姓虽不敢犯罪,但没有廉耻心;用道德来引导,用礼教来约束,百姓不但有廉耻心,而且还真心归服。"

【评析】

孔子认为依靠政令和刑法虽然能暂时稳固统治,但不能让民众心甘情愿地服从,只有依靠道德教化才能让民心归服。

子曰:"吾十有五而志于学①,三十而立②,四十而不惑③,五十而知天命④,六十而耳顺⑤,七十而从心所欲,不逾矩⑥。"

【注释】

①十有五而志于学:十五岁有志于大学之道。朱熹《论语集注》:"古者十五而入大学,心之所之谓之志,此所谓学,即大学之道也。"心之所之,就是志趣之所在。有,同"又"。

②立:站立,自立。

③不惑:不受迷惑。《子罕篇》和《宪问篇》都谈到"知者不惑",这里是说到了四十岁,学问已经很渊博,不会受到迷惑。

④天命:上天主宰之下人们的命运。

⑤耳顺:指听到不同意见,不觉得忤逆。顺,通顺不逆。

⑥从心所欲:随心所欲。从,随。逾:超过。矩:规矩,法度。

【译文】

孔子说:"我十五岁有志于大学之道,三十岁言行举止合乎礼,四十岁明白许多事理所以不再感到迷惑,五十岁懂得了天命,六十岁听到不同意见也不会觉得违逆，七十岁能够做到随心所欲，又不会超越界限。"

【评析】

这是孔子对自己一生的总结。"十有五而志于学"，"学"指大学。周代学制分为小学、大学两个阶段。刘宝楠《论语正义》据《白虎通》说，十五岁是入大学之年，所学的是经术。朱熹《大学章句序》："人生八岁，则自王公以下，至于庶人之子弟，皆入小学，而教之以洒扫、应对、进退之节，礼乐、射御、书数之文。及其十有五年，则自天子之元子、众子，以至公、卿、大夫、元士之适子，与凡民之俊秀，皆入大学，而教之以穷理、正心、修己、治人之道。""三十而立"是人们经常使用的成语，指人在三十岁左右有所成就，能立足于社会。《季氏篇》和《尧曰篇》都说过"不学礼，无以立"，《泰伯篇》也谈到："兴于《诗》，立于礼，成于乐。"看来这里的"立"当指立于礼，即言谈举止都能合乎礼。有人说孔子三十岁开始授徒，标志着已立足于社会，所以说"三十而立"。这或许只是巧合罢了。孔子不是宿命论者，但也讲天命。"知天命"不是听天由命、无所作为，消极看待人生，而是谋事在人，成事在天,努力去做但不一定如愿,应坦然接受这个现实。人们对"六十而耳顺"有不同解释,杨伯峻译作"六十岁,一听别人言语,便可以分辨真假,判明是非"。这么翻译当然也说得通,但"顺"指通顺不逆,并非标榜自己有多么高明,人家一开口就听得出真假是非,故译为"六十岁时听到不同意见也不会觉得违逆"更妥。总之,这段话讲人生所处的每一个阶段,这也是人生境界不断提升的过程。

子游①问孝。子曰:"今之孝者,是谓能养②。至于犬马,皆能有养;不敬,何以别乎?"

【注释】
①子游:孔子学生,姓言,名偃(yǎn),字子游。
②养:供奉饮食给父母。

【译文】
子游问什么是孝。孔子说:"现在的孝,只是能赡养老人。即使是犬马,都会得到饲养。若不敬重父母,跟饲养犬马有何区别?"

【评析】

孝敬父母不只是承担赡养义务,还需要情感上的交流。子夏曾向孔子问孝,孔子回答说:"侍奉父母总是和颜悦色很难。有事情子女去做,有酒肉让老人享用,这样就是孝吗?"(《为政篇》:"色难。有事,弟子服其劳;有酒食,先生馔,曾是以为孝乎?")

子曰:"视其所以①,观其所由②,察其所安③。人焉廋④哉?人焉廋哉?

【注释】

①视其所以:即看一个人在干什么。以,为。
②由:从。《雍也篇》"行不由径"的"由"亦即此义。
③所安:赖以依靠,赖以安身立命。
④焉:何处。廋(sōu):隐藏。

【译文】

孔子说:"看他的所作所为,观察他用什么手段,了解他赖以安身立命的是什么。这个人怎样隐藏得住呢?这个人怎样隐藏得住呢?"

【评析】

这是孔子教人们如何识别人的方法。一个人到底怎样不是听他自己讲,而是看他如何做,这就是"视其所以"。"观其所由",字面意思是观察一个人所从的道路,即观察他用什么手段,比如发财是靠歪门邪道还是靠勤劳致富,这才是关键。"察其所安"就是了解一个人赖以安身立命的是什么,如《国语·晋语一》:"孝、敬、忠、贞,君父之所安也。"

子曰:"温故而知新,可以为师矣。"

【译文】

孔子说:"温习学过的知识进而又能从中获得新的体会和收获,这样就可以成为老师了。"

【评析】

一切新知识都建立在已有知识积累的基础之上。

温故而知新既是一种学习方法,也是一种学习能力。

子曰:"君子不器①。"

【注释】
①器:器具,用具。

【译文】
孔子说:"君子不能像器皿一样。"

【评析】
孔子主张"君子谋道不谋食"(《卫灵公篇》)。他主张的道,即立身行事、治国安邦之道。正因为君子谋道不谋食,所以孔子说君子不能像器皿那样,局限于某种用途。器是具有一定形状、功能的物体,寓意某种具体的职位、术业等。与器相对的是道,道高于器的层次,它体现了事物发展变化的规律。我们从这句话中可以看出孔子崇尚的是通识教育、精英教育。

子贡问君子。子曰:"先行其言而后从之。"

【译文】

子贡问怎样才能做个君子。孔子说:"先将要说的实行了,然后再说出来。"

【评析】

君子主张用实际行动说话。就像有人将广府顺德人的精神总结为"干了不说,干完再说,多干少说"一样。

子曰:"君子周而不比①,小人比而不周。"

【注释】

①周:合群。比(bì):勾结。

【译文】

孔子说:"君子团结民众而不拉帮结派,小人拉帮结派而不团结民众。"

【评析】

拉帮结派通常都是因为利益勾结在一起,君子做事出于公心，因此团结民众，而不会因私利而拉帮结派，小人则反其道而行之。

子曰："学而不思则罔①，思而不学则殆②。"

【注释】

①罔（wǎng）：迷惑，意思是感到迷茫而无所适从。

②殆（dài）：杨伯峻认为《论语》里的"殆"有两种含义：一是疑惑，见下文"多见阙殆"的"殆"；一作危险，见《微子篇》"今之从政者殆而"的"殆"。二者皆通。译文从前者。

【译文】

孔子说："只读书不肯思考，就会上当受骗；只是空想却不读书，就会陷入疑惑。"

【评析】

孟子讲得好："尽信书，不如无书。"读书当养成思考的习惯，要有自己的独立见解，用批判的眼光，取其精华，去其糟粕。也有人束书不观，游谈无根，走向另一个极端，同样不足取。读书与思考应当并重,互相促进。

子曰:"攻乎异端①,斯害也已②。"

【注释】

①攻:攻有二义,一是攻治,"致力于";二是攻击。这里当指前者。异端:另一端。此端与彼端,互为异端。

②也已:感叹词。

【译文】

孔子说:"治学偏执于一端,这是有害的啊。"

【评析】

学者历来对本章有不同理解,杨伯峻将此翻译为"批判那些不正确的议论,祸害就可以消灭了"。但结合上一章看,这里仍然在谈论"学"和"思"的关系,二者互为"异端"。"学而不思"和"思而不学"就是只抓一端,顾此失彼,因此有害。所谓"害",即"罔"和"殆"。"学"兼及"思",则可免于"罔"之害;"思"兼及"学",便可免于"殆"之害。

子曰:"由①,诲女②知之乎!知之为知之,不知为不知,是知③也。"

【注释】

①由:孔子学生,姓仲,名由,字子路,又字季路。

②诲(huì):教导。女(rǔ):同"汝",你。《论语》中"汝"均写作"女"。

③知(zhì):同"智"。《论语》中"智"均写作"知"。

【译文】

孔子说:"仲由,我告诉你如何求知吧!知道就是知道,不知道就是不知道,这就是智慧。"

【评析】

孔子告诫学生要用诚实的态度对待知识,别不懂装懂。"知之为知之,不知为不知"看似道理简单,但做到并不容易。

子张学干禄①。子曰:"多闻阙疑②,慎言其余,则寡尤③;多见阙殆④,慎行其余,则寡悔。言寡尤,行⑤寡悔,禄在其中矣。"

【注释】

①子张:孔子学生,复姓颛(zhuān)孙,名师,字子张。干:求。禄:旧时官吏的薪俸。

②阙疑:有疑问的地方要保留。阙,同"缺",保留的意思。疑,疑问。

③尤:错误,过错。

④阙殆:杨伯峻认为上文作"阙疑",这里作"阙殆","疑"和"殆"是同义词,所谓"互文"见义。

⑤行(xíng):行动,行为。

【译文】

子张学做官。孔子说:"多听,有怀疑的地方持保留态度,其余有把握的地方谨慎地说出来,这样就可以少犯错误。多看,有怀疑的地方先放到一边,其余有把握的地方谨慎地去做,这样就能减少后悔。说话少过错,行动少后悔,官爵俸禄就在其中了。"

【评析】

子张热衷于从政,孔子告诫他官场上以谨慎小心为上。

哀公①问曰:"何为则民服?"孔子对曰②:"举直错诸枉③,则民服;举枉错诸直,则民不服。"

【注释】

①哀公:鲁国国君,姓姬,名蒋。"哀"是谥(shì)号(人死后,后人给予评价的称号)。

②对曰:《论语》中凡臣对答君主的问话,均用"对曰",表示尊敬。这里孔子为臣,回答哀公所问,故用"对曰"。

③举:提拔。直:正直。这里指正直的人。错:同"措",放置。诸:之于的合音。枉:不正直,不正派。这里指不正派的人。

【译文】

哀公问道:"怎样才能使民众服从?"孔子回答说:"把正直的人提拔到不正派的人上面,民众就服从;把不正派的人提拔到正直的人上面,民众就不会服从。"

【评析】

以正压邪,风气就会好,否则风气就会坏。

或①谓孔子曰:"子奚②不为政?"子曰:"《书》③云:'孝乎惟孝,友于兄弟,施于有④政。'是亦为政,奚其为为政?"

【注释】

①或:有人。

②奚(xī):为什么。

③《书》:指《尚书》。以下所引"孝乎惟孝"三句语出《古文尚书·君陈》。

④施:推广。有:语助词,无义。

【译文】

有人问孔子:"你为何不参与政事?"孔子说:"《尚书》上讲:'孝啊,就是孝顺父母、友爱兄弟,把这种品德推广到政事上。'这也是在参与政事,为什么非要做官才算参与政事呢?"

【评析】

从孝悌做起,从修身齐家做起。做好自己,进而影响到身边的人,然后再推广开去,这也是参与政事。正如《大学》所言:"欲治其国者,先齐其家;欲齐其家者,先修其身。"

子曰:"人而无信,不知其可也。大车无輗①,小车无軏②,其何以行之哉?"

【注释】

①輗(ní):古代大车车辕前端与车横木相衔接的部分。

②軏(yuè):古代小车置于车辕前端与横木衔接处的销钉。驾车时将马或牛驾在辕里后,必须将车辕与横木相接处的輗或軏关上,否则就套不住牲口,车也无法行走。

【译文】

孔子说:"一个人不讲信誉,不知那样怎么能行。就像大车没有輗,小车没有軏,怎么能走呢?"

【评析】

人无信不立。信誉是人与人之间打交道的前提和保证,丧失信誉则寸步难行。

八佾篇第三

孔子谓季氏①:"**八佾**②**舞于庭,是可忍也,孰**③**不可忍也?**"

【注释】

①谓:谈论,评价。季氏:或为鲁大夫季平子,即季孙意如。

②八佾(yì):八行,共六十四人,这是天子所用的规格。诸侯用六佾(四十八人)。季氏为大夫,只能用四佾(三十二人)。季氏越级用八佾,孔子认为这是不能容忍的僭(jiàn)越礼制行为。佾,古代乐舞的行列,一佾八人。

③孰(shú):什么。

【译文】

孔子谈到季氏,说:"他在庭院中用天子规格的六十四人的舞蹈,这样的事都可以容忍,那还有什么事不能容忍呢?"

【评析】

春秋末期,鲁国贵族季孙氏把持朝政,不把国君放在眼里,还自比天子,在家庙中设置只有天子才能享用的"八佾"的大型舞乐队。孔子认为，礼是用来维护等级秩序的，僭越礼制就会破坏秩序和规矩。"八佾舞于庭"违背了周礼，是十分严重的僭礼行为，所以孔子无法容忍。

子曰："人而不仁，如礼何①？人而不仁，如乐何？"

【注释】

①如……何：拿……怎么办。

【译文】

孔子说："作为人却不讲仁爱，怎样对待礼仪制度呢？作为人如果不讲仁爱，怎么对待音乐呢？"

【评析】

孔子强调，礼乐之本在仁。若没有仁心，就谈不上礼和乐。仁是内心的道德情感和要求，是礼和乐的内在依据，礼和乐则是人的情感的外在表达。仁是灵魂，礼乐是形式，两者互为表里。如果没有仁，礼乐就失去了灵魂，徒具形式罢了。因此，孔子以及后世儒家历来强调以修身为本,把培养人的仁德放在核心位置。

子曰:"君子无所争,必也射①乎!揖让而升②,下而饮③。其争也君子。"

【注释】

①必:一定。这里是"假若一定要……"的意思。如《颜渊篇》:"听讼,吾犹人也。必也使无讼乎!"射:射箭。这里指射箭比赛。

②揖(yī)让而升:是说比赛射箭,先互相作揖行礼,彼此谦让,然后登堂比赛。揖,拱手作揖,古代的一种礼节。

③下而饮:比赛结束后,走下堂来,共同饮酒致敬。饮,饮酒。

【译文】

孔子说:"君子没有什么可争的。假若一定要争,那就比赛射箭吧!先互相作揖行礼,然后登堂比赛,结束后走下堂来一起喝酒致敬。这是一种君子式的竞争。"

【评析】

谦让体现了君子风度,是一种淡定、从容、自信的人生态度。学者杨绛有句名言:"我与谁都不争,与谁争我都不屑。"

子曰:"周监于二代①,郁郁乎文②哉!吾从周。"

【注释】

①监(jiàn):同"鉴",借鉴。二代:指夏、商二代。
②郁郁:文采盛貌。文:指礼乐制度。

【译文】

孔子说:"周代的礼仪制度是借鉴夏朝和商朝制定的,多么丰富多彩啊!我遵循周代的。"

【评析】

孔子认为,周礼是在夏、商礼制的基础之上形成,又有所发展和创新,最后形成完备的礼法制度。无论形式还是内容,周礼都要比前朝完善许多,因此孔子对周礼推崇备至。

定公①问:"君使臣,臣事君,如之何?"孔子对曰:"君使臣以礼,臣事君以忠。"

【注释】

①定公:鲁国国君,姓姬,名宋,鲁昭公之弟,鲁哀公之父。

【译文】

鲁定公问:"君主使用臣子,臣子侍奉君主,应该如何对待?"孔子回答:"君主应该依礼来使用臣子,臣子应该忠心地侍奉君主。"

【评析】

儒家认为君臣之间应该建立在以礼义相维系的关系之上,君以礼任用臣子,臣子以忠侍奉君主,各尽自己的本分。

仪封人①请见,曰:"君子之至于斯也,吾未尝不得见也。"从者见之。出曰:"二三子何患于丧②乎?天下之无道也久矣,天将以夫子为木铎③。"

【注释】

①仪:地名。封人:管理边防的官员。

②二三子:指随从孔子的几个学生。患:忧虑,担心。丧:失去。这里指孔子离开大司寇的职位。

③木铎(duó):木舌的铜铃,古代天子用以召集民众宣布政教法令。"以夫子为木铎",比喻孔子是制定法度、宣扬教化的人。

【译文】

仪的边防官求见孔子,说:"有道德学问的人到仪这个地方来,我从没有不和他见面的。"随孔子出行的学生请求孔子接见他。他见过孔子后,对孔子的学生说:"你们何必担心夫子失去职位呢?天下无道很久了,老天要你们的老师成为制定法度、宣扬教化的人。"

【评析】

孔子离开大司寇的职位后,第二年从鲁国来到卫国。他在卫国逗留一段时间后未能见到卫灵公,只好离开。仪是卫国西部边境的一个邑,孔子途经这里,当地的边防官求见孔子,因为孔子已经有了很高的声望。"天将以夫子为木铎"是包括封人在内的一些人对孔子地位的高度评价。

里仁篇第四

子曰:"里仁①为美。择不处仁②,焉得知③?"

【注释】

①里:居住。仁:仁者。
②择不处仁:指选择与不仁者居住。择,选择,抉择。处(chǔ),居住。
③知:同"智"。

【译文】

孔子说:"跟有仁德的人住在一起才是好的。选择跟不仁德的人在一起,怎么算得上聪明呢?"

【评析】

人择良友而交,禽择良木而栖。与德行高尚的人为邻,耳濡目染之下也能培养出高尚的情操。孟母三迁,就是为了择邻而居。

子曰:"不仁者不可以久处约①,不可以长处乐。仁者安②仁,知者利③仁。"

【注释】

①约:《论语》里有时作"穷困"讲,有时作"约束"讲。这里指前者。
②安:安于。
③知:同"智"。利:利用,实行。

【译文】

孔子说:"不仁的人,不能长久处于穷困之中,也不能长久处于安乐之中。有仁德的人安心去做合乎仁德的事,有智慧的人则是知道仁对自己有利才去做合乎仁德的事。"

【评析】

这里接着上一章讲择邻而居的道理。为何不能跟不仁者为邻?孔子说:"君子固穷,小人穷斯滥矣。"(《卫灵公篇》)不仁之人不能做到像君子那样安贫乐道,若久处穷困就会铤而走险,胡作非为。若久处安乐,也会变得骄纵,忘乎所以。仁人因为有仁心,会自觉按仁道行事,聪明人则是知道仁德会给自己带来好处才去行仁。在境界上,仁者高于智者。

子曰:"唯仁者能好①人,能恶②人。"

【注释】
①好(hào):喜爱。
②恶(wù):厌恶。

【译文】
孔子说:"只有仁者能喜欢某人,厌恶某人。"

【评析】
孔子认为具有仁德的人,是非爱憎分明,喜欢就是喜欢,不喜欢就是不喜欢。他曾经说:"匿怨而友其人,左丘明耻之,丘亦耻之。"(《公冶长篇》)仁者没有私心,他的好恶不是根据自己的私心,而是本于公心。《大学》:"有所忿懥(zhì),则不得其正;有所恐惧,则不得其正;有所好乐,则不得其正;有所忧患,则不得其正。"仁者没有私心杂念,所以他的好恶没有偏心,配得上"公正"二字。

子曰:"富与贵,是人之所欲也;不以其道得之,不处①也。贫与贱,是人之所恶也;

不以其道得之,不去②也。君子去仁,恶乎③成名?君子无终食④之间违仁,造次⑤必于是,颠沛⑥必于是。"

【注释】

①处:接受。

②去:离开。

③恶(wū)乎:怎么。

④终食:一顿饭的工夫。形容极短的时间。

⑤造次:匆忙,仓促。

⑥颠沛:穷困,受挫折。

【译文】

孔子说:"富和贵,是人人所向往的,不用正当的手段得到它,不会接受。贫和贱,是人人所厌恶的,不用正当的手段,即使能够摆脱也不离开。君子若抛弃了仁德,怎么会成就他的名声呢?所以君子一刻也不会背离仁德,情况紧急时如此,颠沛流离时也如此。"

【评析】

无论身处顺境还是逆境,君子一刻都不会离开仁,因为仁就在他心中。

子曰:"朝闻道①,夕死可矣。"

【注释】

①朝(zhāo):早上。道:指仁义之道。儒家的核心思想。

【译文】

孔子说:"早上明白了仁义之道,晚上为了它去死都行。"

【评析】

用今天的话讲,就是为了真理而斗争,即便很快死去也没什么遗憾。在孔子眼里,对道的追求是至高无上的,甚至比自己的生命还重要。"志士仁人,无求生以害仁,有杀身以成仁。"(《卫灵公篇》)

子曰:"士①志于道,而耻恶②衣恶食者,未足与议也。"

【注释】

①士:古代介于大夫和庶民之间的阶层。也指读书人。

②恶(è): 粗糙,不好。

【译文】
孔子说:"士立志追求道,却以穿粗衣吃粗粮为耻,这种人不值得跟他谈论道。"

【评析】
真正追求道的人,因为私欲少,故能守得住清贫。相反,一个人在乎自己衣食之美恶,则不可能为了追求道甘愿做出个人牺牲。

子曰:"君子怀德,小人怀土①;君子怀刑②,小人怀惠③。"

【注释】
①土:乡土。也有人作"田宅"解。
②刑:刑法。
③惠:实惠,恩惠。

【译文】
孔子说:"君子心怀仁德,小人心怀乡土;君子心怀刑法,小人心怀实惠。"

【评析】

君子胸怀博大,目标高远,不会像小人一样眼界被乡土所困。君子爱其身名,不敢以身试法,故畏惧刑法。小人从私利出发,考虑更多的是自己能得到多少好处。这里的君子、小人是从境界层次上分的,所谓小人即心胸格局小的"俗人"。

子曰:"放①于利而行,多怨。"

【注释】

①放:同"仿",依照,根据。

【译文】

孔子说:"根据个人利益行事,会招致很多怨恨。"

【评析】

只考虑自己的利益就会招致别人怨恨,最终也不会有好结果。隋·王通《文中子·礼乐》有言:"以势交者,势倾则绝;以利交者,利穷则散。"

子曰:"不患无位①,患所以立②。不患莫己知,求为可知也。"

【注释】
①位:职位。
②所以:用以,用来。立:站立,站稳。

【译文】
孔子说:"不要担心没有职位,只担心怎样才能立足;不怕没人了解自己,要努力追求让别人了解自己的本领。"

【评析】
不要担心别人不了解自己,关键在于做好自己。有本领的人终会脱颖而出。

子曰:"参乎!吾道一以贯①之。"曾子曰:"唯②。"子出,门人③问曰:"何谓也?"曾子曰:"夫子之道,忠恕④而已矣。"

【注释】
①道:学说。贯:通,贯穿。

②唯：是。应答声。
③门人：门生，弟子，学生。
④忠恕（shù）：儒家的一种道德规范。忠，谓尽心为人；恕，谓推己及人。

【译文】

孔子说："曾参啊！我的学说贯穿着一个基本观念。"曾子回答："是。"孔子走后，别的学生问："老师这句话是什么意思？"曾子说："老师的学说，就是'忠恕'二字罢了。"

【评析】

尽力为人谋，谓之"忠"；推己及人，谓之"恕"。用孔子下的定义，忠即"己欲立而立人，己欲达而达人"，恕即"己所不欲，勿施于人"。"仁"是孔子学说的核心，"忠恕"便是"仁"的具体运用，是儒家处理人际关系的基本原则。

子曰："君子喻①于义，小人喻于利。"

【注释】

①喻：晓，明白。

【译文】

孔子说:"君子明白的是义,小人明白的是利。"

【评析】

孔子并不讳言利,只是更看重义。是重义轻利,还是重利轻义,成为君子与小人的区别。

子曰:"见贤思齐①焉,见不贤而内自省②也。"

【注释】

①齐:看齐。
②自省(xǐng):自我反省。

【译文】

孔子说:"见到贤人,便想如何向他看齐;见到不贤的人,便反省自己。"

【评析】

内省是正确认识自己的重要途径,是自我提升和完善的内在动力。儒家强调"反求诸己"的内省功夫。所谓"反求诸己",就是反省自己哪些地方做得不好,并加以改正,而不是一味地责怪别人。相反,有些人总是喜欢找别人的不是,而不从自身找原因,这样就难以改正缺点不断进步了。

子曰:"古者言之不出①,耻躬之不逮②也。"

【注释】

①不出:不轻易说出。
②躬:躬行。身体力行,亲身实行。逮(dài):及,达到。

【译文】

孔子说:"古人话不轻易说出口,耻于说出口却做不到。"

【评析】

《颜渊篇》:"驷不及舌。"意思是一言既出,驷马难追。君子以话说出口却又做不到为耻,故"敏于事而慎于言"(《学而篇》)。

子曰:"以约失之者鲜①矣。"

【注释】
①约:约束。鲜:少。

【译文】
孔子说:"由于约束自己而犯过失的很少。"

【评析】
严于律己就会少犯错误。

子曰:"君子欲讷①于言而敏于行。"

【注释】
①讷(nè):说话迟钝。这里指不轻易说话。

【译文】
孔子说:"君子要说话谨慎,做事敏捷。"

【评析】
《论语》反复强调行胜于言,这是对君子人格的要求,也是儒家的行为准则。

子曰:"德不孤,必有邻①。"

【注释】
①邻:邻近,接近。

【译文】
孔子说:"有德的人不会孤单,一定会有人亲近他。"

【评析】
德高必有芳邻,品厚定遇知音。有德者不会孤立,任何时候都会有同声相应、同气相求的人与他接近。

子游曰:"事君数①,斯②辱矣;朋友数,斯疏矣。"

【注释】
①数(shuò):屡次。
②斯:就。

【译文】
子游说:"侍奉国君,若劝谏太多就会招致羞辱;在朋友面前提太多意见,就会被疏远。"

【评析】

无论给君主或朋友提意见,即便有道理也要适可而止,唠叨烦琐只会招人厌烦。这是经验之谈。有一次,子贡向孔子请教交友之道,孔子说:"忠告而善道之,不可则止,毋自辱焉。"(《颜渊篇》)孔子提醒人们,如何在维护君主尊严、保持朋友情义的前提下,保持自尊,维护自身的人格。

公冶长篇第五

子谓公冶长①:"可妻②也。虽在缧绁③之中,非其罪也。"以其子④妻之。

【注释】

①公冶长:孔子学生,齐人,姓公冶,名长。
②妻(qì):这里作动词用,"嫁"的意思。
③缧绁(léi xiè):捆绑犯人的绳子。这里借指监狱。
④子:古时子女皆称子。

【译文】

孔子谈到公冶长时说:"可以把女儿嫁给他。虽然曾被关在监狱里,但不是他的罪过。"孔子把女儿嫁给了他。

【评析】

公冶长蒙冤入狱,孔子不因为他坐过牢而产生偏见,照样把女儿嫁给他,这体现了孔子实事求是的态度。李泽厚说:"孔子不以一时之荣辱取人,虽在今日,亦属不易。"(《论语今读》)

子谓子贱①:"君子哉若人!鲁无君子者,斯焉取斯②?"

【注释】

①子贱:宓(fú)不齐,字子贱,孔子学生。
②斯:第一个"斯"指子贱,第二个"斯"指品德。

【译文】

孔子评论宓子贱:"这人是个君子呀!如果鲁国没有君子,他怎么会有这么好的品德?"

【评析】

宓子贱是孔子的得意门生,孔门七十二贤之一。曾任单父(今山东菏泽市单县)宰。他为单父宰时,用"无为而治"来治理,"身不下堂而单父治"。孔子称赞说:"惜哉!不齐所治者小,所治者大则庶几矣。"(《史记·仲尼弟子列传》)意即宓子贱还能做更大的官。本章孔子评论宓子贱的话是在他任单父宰之前。

子贡问曰:"赐也何如?"子曰:"女,器也。"曰:"何器也?"曰:"瑚琏①也。"

【注释】

①瑚琏(hú liǎn):即簠簋(fǔ guǐ),古代宗庙里盛黍稷(shǔ jì)的器皿,竹制,以玉饰之,华美贵重。方形的叫簠,圆形的叫簋。

【译文】

子贡问:"我是怎样的人呢?"孔子说:"你好比一个器皿。"子贡又问:"什么器皿?"孔子说:"宗庙里盛黍稷的瑚琏。"

【评析】

这是比较费解的一章。子贡是孔子的得意门生,"孔门十哲"之一。上一章中孔子认为宓子贱是个君子,这里却说子贡是"器"。孔子讲过"君子不器"(《为政篇》),这样说来子贡不如宓子贱了,但无论在孔子还是当时的人眼中,子贡都非常优秀,在孔门弟子中绝对算得上顶尖人物。倘若子贡都不足以成为君子,那么孔门弟子又有几人能称得上?根据上下文理解,本章当是接续上一章的场景,孔子评价宓子贱是个君子,子贡便问老师自己算什么,孔子便开玩笑说他是个器，瑚琏那种器。这也是对子贡的鞭策，希望他能达到更高的境界。

或曰："雍也仁而不佞①。"子曰："焉用佞？御人以口给②，屡憎③于人。不知其仁，焉④用佞？"

【注释】

①雍：孔子学生，姓冉，名雍，字仲弓。佞（nìng）：口才好，能说会道。

②御：抵挡。这里是辩驳的意思。口给：嘴快话多。给，充足。

③憎（zēng）：恨、厌恶。

④焉：疑问代词。哪里、怎么。

【译文】

有人说："冉雍有仁德但缺少口才。"孔子说："要那口才干什么？喜欢辩驳的人，往往令人讨厌。我不知道他是否真的有仁德，但要那口才干什么？"

【评析】

跟前面讲的"古者言之不出""君子欲讷于言而

敏于行"一样,孔子并不喜欢伶牙俐齿的人,认为言多必失。他还说"刚、毅、木、讷,近仁"(《子路篇》)。儒家的这种观念对中华民族内敛性格的形成有一定影响。

子使漆雕开①仕。对曰:"吾斯之未能信②。"子说。

【注释】

①漆雕开:孔子学生,姓漆雕,名开,字子开。
②吾斯之未能信:是"吾未能信斯"的倒装句。之,是用来倒装的助词。斯,这。

【译文】

孔子叫漆雕开去做官。漆雕开说:"我对这还没有信心。"孔子听后很高兴。

【评析】

孔子欣赏漆雕开沉稳、谦逊的品格。有一次,学生子夏即将出任莒县县令,向孔子问政,孔子便说出"欲速则不达"这一名言。漆雕开表示自己对做官还没有信心,意即感到自己准备还不够充分,并不急于做官,孔子听他这么回答自然很高兴。做官当以谦逊、稳重为先。

子曰:"道不行,乘桴①浮于海。从我者,其由与②?"子路闻之喜。子曰:"由也好勇过我,无所取材③。"

【注释】

①桴(fú):木筏。
②由:仲由,即子路。与(yú):同"欤"。
③取材:取裁,选取。材,同"裁"。

【译文】

孔子说:"我的主张若无法实施,就乘木筏漂到海上。跟随我的,大概只有仲由吧?"子路听到这话很高兴。孔子说:"仲由比我还勇敢哩,这就不可取了。"

【评析】

孔子对勇敢很认可,他说过"知者不惑,仁者不忧,勇者不惧"(《子罕篇》)。但他认为子路勇敢有余,谨慎不足,当他说自己打算乘木筏漂到海上,只有子路会跟随他时,子路立马兴奋起来。或许孔子只是随便说说,子路却当真了,孔子认为子路有些冒失,所以泼了冷水。《孔子家语·七十二弟子》谓子路"为人果烈而刚直,性鄙而不达于变通"。在《论语》中,孔子对子路的鲁莽行为有过多次批评。

子谓子贡曰:"女与回也孰愈①?"对曰:"赐也何敢望②回?回也闻一以知十,赐也闻一以知二。"子曰:"弗如也,吾与女弗如也。"

【注释】

①回:颜回,颜氏,名回,字子渊。孔门十哲之一。孔子最喜欢的学生。愈:胜过、超过。

②望:赶上。

【译文】

孔子对子贡说:"你和颜回相比谁强?"子贡说:"我怎能赶得上他!他能闻一知十,我只能闻一知二。"孔子说:"是不如他,我和你都不如他。"

【评析】

颜回安贫乐道,学习十分刻苦,其最突出的优点是能举一反三。子贡自认"赐也何敢望回",除了表示由衷的钦佩之外,也体现了子贡的高情商。颜回是孔子最喜欢的学生,也是孔子心目中最优秀的学生,所以说子贡不如颜回,甚至说"吾与女弗如也"。"与",朱熹《论语集注》释为"许","赞同"的意思,此句翻译过来就是"我同意你的观点,你是不如他"。这么解释也通,只是将"与"理解为"和",语气柔婉一些。"我和你都不如他",既夸了颜回,也给了子贡面子。颜回和子贡到底谁更强?或许现代的人更多偏向子贡,子贡曾任鲁国、卫国的丞相,还善于经商,是孔子弟子中的首富。

子曰:"吾未见刚①者。"或对曰:"申枨②。"子曰:"枨也欲,焉得刚?"

【注释】

①刚:刚强,刚毅。
②申(chéng)枨:孔子学生,姓申,名枨,字周。

【译文】

孔子说:"我没见过刚强的人。"有人说:"申枨刚强。"孔子说:"申枨欲望太多,怎么能刚强?"

【评析】

成语"无欲则刚"出自这里。孔子认为,所谓欲望,并不见得就是贪图钱财。申枨虽然看起来很刚直,但争强好胜,这并不算刚强。真正刚强的人能克制内心的冲动和欲望。

子贡曰:"我不欲人之加①诸我也,吾亦欲无加诸人。"子曰:"赐也,非尔所及也。"

【注释】

①加:强加,凌驾。

【译文】

子贡说:"我不想别人强加给我,我也不想强加给别人。"孔子说:"子贡啊,这不是你能做到的。"

【评析】

子贡说得不错,正如李泽厚所讲,子贡要求的是"客观的公平与正义原则,即社会性公德",符合现代契约社会的需要(《论语今读》)。但对于当时的社会而言,子贡的这一想法有些超前了,所以孔子说子贡做不到,认为子贡能推行"恕"道,即"己所不欲,勿施于人"(《卫灵公篇》),但别人能不能也像他这样,就不一定了。子贡善于经商,他推崇的公平或许也体现在交易上,所谓"君子爱财,取之有道",他因此被后世尊为儒商典范。

子贡曰:"夫子之文章①,可得而闻也;夫子之言性与天道②,不可得而闻也。"

【注释】

①文章:指孔子经常谈论的《诗》《书》等古代文献。

②性:人的本性。天道:指自然与人类社会凶吉祸福的关系。

【译文】

子贡说:"老师讲诗书礼乐、古代文献,我们可以听到;老师讲人性和天道,难得听到。"

【评析】

孔子并非不讲人性和天道,只是讲得很少罢了,他主要从书本和日常生活经验出发,启迪开导学生。

子贡问曰:"孔文子①何以谓之'文'也?"子曰:"敏而好学,不耻下问,是以谓之'文'也。"

【注释】

①孔文子:卫国大夫孔圉(yǔ)。"文"是他的谥号。

【译文】

子贡问:"孔文子凭什么谥他为'文'?"孔子说:"他聪明好学,不以向不如自己的人请教为耻,所以封他'文'的谥号。"

【评析】

成语"不耻下问"出于此处。所谓"下问",是指向地位或学问等方面比自己低的人请教。有些人因为放不下面子,不愿意向这些人请教,但孔文子能够做到。这说明他心胸坦荡,谦虚好学,做到了"知之为知之,不知为不知"(《为政篇》)。博学的人也会有自己不知道的东西,不耻下问是敢于正视自己的表现。

子谓子产①,"有君子之道四焉:其行己也恭,其事上也敬,其养民也惠,其使民也义"。

【注释】

①子产:姓公孙,名侨,字子产,郑国大夫,郑穆公之孙。他是春秋时期郑国著名贤相,执政22年,在内政外交上都很有成就,是古代杰出的政治家和外交家。

【译文】

孔子评价子产,说他"具有君子的四种品德:他的行为态度谦逊、庄重,对待君上严肃、恭敬,教养百姓谋生有恩惠,役使百姓合理得当"。

【评析】

子产施行的正是孔子倡导的仁政。仁政的基础是"制民之产",让百姓生活上有基本保障。但孔子认为子产对民众的教化还做得不够。在《孔子家语·正论解》中,子游和孔子有段对话,可以看出孔子对子产施政的评价。子游问孔子:"老师您极力称赞子产仁惠,可以说来听听吗?"孔子说:"子产的仁惠只不过在于他爱民罢了。"子游说:"爱民可以称为德治教化,岂止是仁惠呢?"孔子说:"子产,就像普通人的母亲,能养活他们,却不能教化他们。"子游说:"能举例说明这方面的事吗?"孔子说:"子产用他所乘的车子帮助冬天过河的人,这就是只爱民而没有教化。"孔子认为,子产身份高贵,用自己的车子来载百姓不合乎礼。

季文子三思①而后行。子闻之曰:"再②,斯可矣。"

【注释】

①季文子:鲁国大夫季孙行父。三思:多次思考。"三"指多次,并非实指。

②再:这里当副词用,后边省略了动词"思"字。

【译文】

季文子遇事总要思考多次才行动。孔子听说后,说:"思考两次就够了。"

【评析】

孔子一向谨慎行事,"三思而后行"在后世成为劝人谨慎行事的成语。但这里用来批评季文子考虑过多,可能是针对他优柔寡断而言。从现实经验看,有时考虑过多也会错失良机。如何在谨慎行事和勇于决断上掌握好分寸,需要很深的功夫。

子曰:"宁武子①,邦有道,则知;邦无道,则愚②。其知可及也,其愚不可及也。"

【注释】

①宁武子:卫国的大夫,姓宁,名俞,武是他的谥号。
②愚:愚笨,这里指"装傻"。

【译文】

孔子说:"宁武子在政治清明时,就显得聪明;在政治黑暗时,就装傻。他那聪明别人赶得上,那装傻别人就赶不上了。"

【评析】

成语"愚不可及"常用来形容无比愚蠢,其实原意是指某个人表面上愚笨,实则大智若愚,非常人所能及。这里讲的宁武子就是。在《论语》中,孔子既有"知其不可为而为之"(《宪问篇》)的积极入世的一面,也有"天下有道则见,无道则隐"(《泰伯篇》)的洁身自好、保全己身的一面。他还说过"邦有道,危言危行;邦无道,危行言孙"(《宪问篇》)。这都是针对天下有道或无道时个人如何处世来说,反映出早期儒家也受道家隐逸思想的影响。

子曰:"孰谓微生高直①?或乞醯②焉,乞诸其邻而与之。"

【注释】

①孰:谁。微生高:鲁国人。直:直爽,直率。
②醯(xī):醋。

【译文】

孔子说:"谁说微生高这个人直爽?有人向他讨点醋,他却到邻居家要来给这个人。"

【评析】

由这件小事可以看出孔子欣赏直率,讨厌虚伪。微生高自己家里没有醋,却不肯明说,从邻居家讨来给别人。照孔子的意思,微生高应该说"对不起,我家里没有醋",或者"我家里没有醋,但我可以从邻居家讨一点给你"。

子曰:"巧言、令色、足恭①,左丘明②耻之,丘亦耻之。匿③怨而友其人,左丘明耻之,丘亦耻之。"

【注释】

①巧言:花言巧语。令色:和悦的表情。这里指伪善、谄媚的脸色。令,美好。足(zú)恭:过分恭敬。足,过分。

②左丘明:春秋时鲁国人,曾任鲁太史。相传著有《左传》和《国语》。

③匿:隐藏。

【译文】

孔子说:"花言巧语,装出伪善的表情,过分地恭敬,左丘明认为可耻,我也认为可耻。内心隐藏怨恨却假装跟这个人友好，左丘明认为可耻，我也认为可耻。"

【评析】

孔子爱憎分明，喜欢就是喜欢，不喜欢就是不喜欢，讨厌虚伪。

颜渊、季路侍①。子曰："盍②各言尔志？"子路曰："愿车马衣轻裘③与朋友共敝之而无憾。"颜渊曰："愿无伐④善，无施⑤劳。"子路曰："愿闻子之志。"子曰："老者安之，朋友信之，少者怀之。"

【注释】

①侍：侍立。

②盍（hé）："何不"的合音。

③衣：这个字可能是后人加上去的，当删。轻裘（qiú）：轻暖的皮衣。

④伐：夸耀。

⑤施：表白。

【译文】

颜回、子路侍立在孔子身旁。孔子说:"何不谈谈各人的志向呢?"子路说:"愿将车马和裘衣与朋友共享,用坏了也不遗憾。"颜回说:"但愿不夸耀自己的长处,不表白个人的功劳。"子路说:"愿意听听老师您的志向。"孔子说:"但愿老人得享晚年,朋友受到信任,少年得到关怀。"

【评析】

子路的回答显示出他的仗义,颜回的回答显示出他的低调谦逊,孔子的回答显示出他悲天悯人的情怀。

子曰:"十室之邑①,必有忠信如丘者焉,不如丘之好学也。"

【注释】

①邑:人群聚集的地方。引申为都邑、城市。

【译文】

孔子说:"在只有十户人家聚集的小地方,必定有和我一样做事竭心尽力、讲求诚信的人,只是不如我好学而已。"

【评析】

孔子说自己所长无非就是好学,这既是谦逊,也是以身示教,鼓励别人努力学习。

雍也篇第六

子曰:"贤哉,回也!一箪①食,一瓢饮,在陋巷,人不堪其忧,回也不改其乐。贤哉,回也!"

【注释】

①箪(dān):古代盛饭用的圆形竹器,也有用芦苇制成的。

【译文】

孔子说:"颜回真有贤德啊!一竹篮饭,一瓢水,住在简陋的巷子里,别人都不堪忍受那种困苦,他却始终保持这种乐观。真有贤德啊,颜回!"

【评析】

对于孔子、颜回这种境界高的人而言,快乐不在于物质享受,而在于精神上的追求。孔子说过"饭疏食,饮水,曲肱而枕之,乐亦在其中矣"。也曾这样描述自己:"其为人也,发愤忘食,乐以忘忧,不知老之将至云尔。"(《述而篇》)孔子、颜回的这种精神追求,后世称之为"孔颜乐处",指儒家知识分子安贫乐道、达观自信的处世态度与人生境界。

冉求①曰："非不说②子之道，力不足也。"子曰："力不足者，中道而废。今女画③。"

【注释】

①冉求：孔子学生，鲁国人，姓冉，名有，字子有，后世尊称"冉子"。孔门七十二贤之一。

②说：同"悦"。

③女：同"汝"。画：同"划"，划界线。

【译文】

冉求说："不是不喜欢您的学说，而是我的能力不够。"孔子说："如果能力不够的话，会半途而废。现在你划定界线把自己限制了。"

【评析】

孔子曾经这样评论颜回："我看到他不断地前进，没有看到过他停止。"（《子罕篇》："惜乎！吾见其进也，未见其止也。"）孔子认为，努力不一定就能取得成功，但要不断尝试，努力进取。所以冉求说他能力不够，孔子认为这是不思进取的借口罢了。

子谓子夏①曰:"女为君子儒②,无为小人儒。"

【注释】
①子夏:孔子学生,卜氏,名商。孔门十哲之一。
②儒:旧时对学者、读书人的称呼。

【译文】
孔子对子夏说:"你要做君子式的儒者,不要做小人式的儒者。"

【评析】
孔子将读书人分为君子和小人两种,这里所谓"君子""小人"是就格局和才能等方面而言。他讲过"君子不可小知,而可大受也;小人不可大受,而可小知也"(《卫灵公篇》)。意思是君子可以干大事,小人只能干小事,这就是君子儒和小人儒的区别。后来荀子对此进行了发挥,将儒分为"大儒""雅儒"和"俗儒"。

子游为武城宰①。子曰:"女得人焉耳②乎?"曰:"有澹台灭明③者,行不由径④,非公事,未尝至于偃⑤之室也。"

【注释】

①武城:鲁国城邑,在今山东费县。宰:古代地方长官名,如县宰、邑宰。

②女:同"汝"。焉耳:于此。

③澹(dàn)台灭明:姓澹台,名灭明,字子羽。后来成为孔子学生。

④行不由径:指走捷径而抄小路。由,经过。径,小路。

⑤偃:子游的名。

【译文】

子游为武城地方长官。孔子说:"你在那得到了人才吗?"子游说:"有个叫澹台灭明的人,走路从不抄小路,不是公事,从不到我的房间里来。"

【评析】

观察一个人不妨从小处着眼。澹台灭明从不抄小路,说明他不走捷径,做事有原则;不是公事不串门,说明他公事公办,公私分明。

子曰:"质胜文则野①,文胜质则史②。文质彬彬③,然后君子。"

【注释】

①质:质朴。文:本义是彩色交错,引申为文采。野:粗鄙。

②史:古代掌管文书的人,这里是虚浮、华而不实的意思。

③彬彬:同"班班",指事物搭配均衡、恰当。此谓文质兼备貌。

【译文】

孔子说:"质朴胜过文采就会粗野,文采胜过质朴就会华而不实。只有文采和质朴搭配相宜,才是个君子。"

【评析】

文质彬彬就是内在的质朴和外在的华美之间构成和谐统一的关系。这其实也是中庸之道,是最高的标准。

子曰:"人之生也直①,罔②之生也幸而免。"

【注释】

①生:生存。直:正直。
②罔(wǎng):诬罔,不正直。

【译文】

孔子说:"一个人能够生存下去是因为正直,不正直的人也可以生存,那是他侥幸免于祸害。"

【评析】

孔子强调人应当正直,堂堂正正地做人。那些不正直的人不可能活得自在,总会有提心吊胆的时候,免于祸害也只是因为侥幸。当然,孔子在赞成做人正直的同时,也建议讲究策略。好直不好学,弊病是刻薄。"好直不好学,其弊也绞。"(《阳货篇》)国家政治清明时,就出来做官;政治黑暗时,就藏而不露地隐居起来。"邦有道,则仕;邦无道,则可卷而怀之。"(《卫灵公篇》)

子曰:"知之①者不如好之者,好之者不如乐之者。"

【注释】

①之:代词,它,指学问和事业。一说,指仁德。

【译文】

孔子说:"懂得它不如喜欢它,喜欢它不如以它为快乐。"

【评析】

前面讲到的"孔颜之乐"就是典型的"乐之者"。以追求学问为快乐的人,不会以学问为苦。知之,好之,乐之,是求知的三重境界。

子曰:"中人①以上,可以语上也;中人以下,不可以语上也。"

【注释】

①中人:中等水平的人。

【译文】

孔子说:"中等水平以上的人,可以同他讲上等的学问;中等水平以下的人,不可以同他讲上等的学问。"

【评析】

这段话可以理解为教学应循序渐进,讲授的内容不能越等级。也可以理解为讲话要看对象,否则难以沟通。

子曰:"知者乐①水,仁者乐山。知者动,仁者静。知者乐,仁者寿。"

【注释】

①乐:多音字。音乐的乐读 yuè,快乐的乐读 lè。本章"乐水""乐山"的乐,是喜好的意思,读 yào。

【译文】

孔子说:"聪明的人喜欢水,仁爱的人喜欢山。聪明的人好动,仁爱的人好静。聪明的人快乐,仁爱的人长寿。"

【评析】

山的特点是稳重、静穆,水的特点是灵动、变化,所以用山、水类比和描写仁与智。仁者何以长寿?《孔子家语·五仪解》通过哀公与孔子的对话做了解释:"哀公问于孔子曰:'知者寿乎?仁者寿乎?'孔子对曰:'然!人有三死,而非其命也,行己自取也。夫寝处不时,饮食不节,逸劳过度者,疾共杀之;居下位而上干其君,嗜欲无厌而求不止者,刑共杀之;以少犯众,以弱侮强,忿怒不类,动不量力者,兵共杀之。此三者,死非命也,人自取之。若夫知士仁人,将身有节,动静以义,喜怒以时,无害其性,虽得寿焉,不亦可乎?'"孔子在这里肯定了鲁哀公关于智者、仁者能长寿的观点,并指出有三种人死于非命:生活没有规律的,得病而死;不遵守法制、贪婪无度的,法律惩罚而死;行为不检点、与人为恶、损人利己的,惹祸而死。那些行为自律、仁字当头的人,往往能够长寿。

子曰:"君子博学于文,约①之以礼,亦可以弗畔②矣夫!"

【注释】

①约:约束。

②畔:同"叛"。

【译文】

孔子说:"君子广泛地学习古代文献,用礼来约束自己,就不会离经叛道了!"

【评析】

这是孔子为后学所立的行为规范,也是孔门施教之大法。颜回谈到孔子对自己的教诲时说:"夫子循循然善诱人,博我以文,约我以礼,欲罢不能。"(《子罕篇》)

子曰:"中庸①之为德也,其至矣乎!民鲜②久矣。"

【注释】

①中庸:"中"就是既不过头也不会达不到,即不偏不倚、恰到好处。"庸"是平常、不变的意思。

②鲜(xiǎn):很少。

【译文】

孔子说:"中庸这种道德,应该是最好的了!人们缺少它很久了。"

【评析】

孔子认为中庸是最高的道德标准,因为中庸即处理任何事情,分寸都掌握得很准,这当然是最高明的了。所以《中庸》上讲:"致广大而尽精微,极高明而道中庸。"

子贡曰:"如有博施于民而能济①众,何如?可谓仁乎?"子曰:"何事于仁②,必也圣③乎!尧舜其犹病诸④!夫仁者,己欲立而立人,己欲达而达人。能近取譬⑤,可谓仁之方⑥也已。"

【注释】

①博:广泛。施:给予。济:救助。

②何事于仁:何止于仁。谓做到这些不只是仁,已经达到圣的境界了。何事,为何。

③必:一定。圣:钱穆认为指有德有位者,即品德高尚的统治者。"仁者无位,不能博施济众。有位无德,亦不能博施济众。"(《论语新解》)

④尧舜:上古传说中的两个帝王,孔子心目中的圣人。病:有所不足。诸:于此。

⑤能近取譬:能就自身打比方。意思是能推己及人,替别人着想。取譬,打比方。

⑥方:方向,方法。

【译文】

子贡说:"假若有人广泛地给民众以好处,从而能普遍接济众人,怎么样?可以说是仁吗?"孔子说:"哪里只是仁,应该是圣了!尧舜都难以做到!所谓仁,自己想立得住,同时也使别人立得住;自己想亨通显达,同时也使别人亨通显达。凡事都能以自身为例而想到别人,可以说是实行仁道的方法了。"

【评析】

孔子认为仁只是推己及人的同情和施恩,并不是博施济众。如果是后者,那已经到了圣人的高度。"圣"的境界无疑比"仁"更高,只是尧舜都难以做到。于是,孔子告诉子贡,实践仁的正确方法,是从自身做起,从力所能及的事情做起,"己欲立而立人,己欲达而达人"(《雍也篇》)。

述而篇第七

子曰:"述而不作①,信而好古,窃比于我老彭②。"

【注释】

①述:记述,陈述。这里指陈述过去的事和言论。作:制作。引申为创作,著作。

②窃:谦敬副词,私下。比:比照。老彭:人名。有人说是殷商时期的贤大夫,好传述古事;有人说是老子和彭祖;还有人认为是孔子同时代的人,彭姓前面加"老"字以示亲切。译文从前说。

【译文】

孔子说:"传述而不创作,相信并喜好古代典章制度和文化,我私下比照商朝时的老彭。"

【评析】

孔子认为古代典章制度和文化已经够好了,"周监于二代,郁郁乎文哉!吾从周"(《八佾篇》),所以,孔子编辑整理《诗》《书》,以传承古代的礼乐文化为己任。述而不作,集先圣之大成,是孔子的文化追求,也是对自己学术活动的定位。

子曰:"默而识①之,学而不厌②,诲人不倦,何有③于我哉?"

【注释】

①识(zhì):记住。

②厌:一作饱,引申为满足;二作讨厌,厌弃。这里二义均通。

③何有:有什么。

【译文】

孔子说:"默记在心,学习永不满足,教导别人永不倦怠,这些对我有什么困难呢?"

【评析】

这是孔子的自我评价。"学而不厌,诲人不倦"成为耳熟能详的勉励语。

子曰:"德之不修,学之不讲①,闻义不能徙②,不善不能改,是吾忧也。"

【注释】

①讲:研究,商讨。引申为讲习、演习。

②义：道义。徙（xǐ）：迁移。引申为改正。

【译文】
孔子说："品德不培养，学问不讲习，听到合乎道义的事情不去行动，有了错误不能及时改正，这是我所担忧的。"

【评析】
品德和学问要日积月累，落实到具体行动上。

子之燕居①，申申如②也，夭夭③如也。

【注释】
①燕居：闲居。
②申申：言躯体伸直，舒展随意。如：……的样子。
③夭夭：和颜悦色。

【译文】
孔子在家闲暇无事时，舒展随意，和颜悦色。

【评析】

工作时严肃认真,闲暇时放松自如。平日里的孔子其实蛮随和的。

子曰:"志于道,据①于德,依②于仁,游于艺③。"

【注释】

①据:固守。
②依:依照,不违背。
③游:本指游泳,形容做事非常娴熟,得心应手,如鱼得水般自由自在。艺:六艺,即礼、乐、射、御、书、数。这是孔子教学的主要内容:礼,礼法,礼仪;乐,音乐和音乐知识;射,射箭;御,驾车;书,识字,书写;数,算术。

【译文】

孔子说:"立志于道,坚守于德,不违背仁,娴熟地掌握六艺。"

【评析】

这几句既是孔子的自我勉励,也是对教育本质的高度总结,体现了德智体美劳全面发展的教育思想。道行在外,德修在己,内外兼修,方能达到"游于艺"的高超境界。

子曰:"自行束脩①以上,吾未尝无诲②焉。"

【注释】

①束脩:捆扎在一起的十条干肉。脩,干肉,肉脯。每条脯为一脡(挺),十脡为一束。
②诲:教育,教诲。

【译文】

孔子说:"自己拿了十条干肉来见我的人,没有我不教育的。"

【评析】

孔子有教无类,他的学生中既有出身贵族的孟懿子,也有家境贫寒的子路、原宪、冉雍等,但他都一视同仁。所以,孔子的门徒有三千之众。古代士人初次拜见尊长或所敬重的人物,要持礼品奉上,称之为贽(zhì)。孔子收徒按规矩也要收礼品,束脩是微薄的贽礼。后来束脩一词指代学费。

子曰:"不愤不启①,不悱不发②。举一隅不以三隅反③,则不复④也。"

【注释】

①愤:苦思冥想仍然领会不了。启:开导。
②悱(fěi):想说又说不出来。发:启发。
③隅:角落。指一个方面。这句话是说,一个物体有四个角,告诉他一个角,他却不能由此推知其他三个角。
④不复:这里是不再教的意思。复,返回。

【译文】

孔子说:"不到努力去想还想不明白时,不去开导他;不到想说又说不出来时,不去启发他。告诉他一个方面的知识,他却不能推理出其他方面的知识,就不再教他了。"

【评析】

这体现了孔子启发式教育的方法,侧重对学生独立思考能力的培养。

子食于有丧者之侧,未尝饱也。

【译文】

孔子在办丧事的人家旁边吃饭,有戴孝人在旁时,孔子从未吃饱过。

【评析】

孔子食于有丧者之侧未尝饱,说明他临丧之诚。孔子说,丧事与其仪式隆重,不如内心悲哀。(《八佾篇》:"丧,与其易也,宁戚。")古时办丧事都很注重礼节和言行。《礼记·曲礼》上讲:"邻有丧,舂(chōng)不相;里有殡,不巷歌。"是说邻居有丧事,即使在舂米时也不可喊号子;邻里有停殡待葬的,就不要在街巷中唱歌。

子谓颜渊曰:"用之则行①,舍之则藏②,唯我与尔有是夫③!"子路曰:"子行三军④,则谁与⑤?"子曰:"暴虎冯河⑥,死而无悔者,吾不与也。必也临事而惧,好谋而成者也。"

【注释】

①行:施行,实行。
②舍:不用。藏:收藏,隐藏。

③尔：你，指颜回。有是夫：有这种处世态度吧。是，代词，这样。

④三军：周制，天子可有六军，诸侯大国三军。中军最尊，上军次之，下军又次之。这里的"三军"是军队的统称。

⑤与：连词，和。

⑥暴虎：空手和虎搏斗。暴，空手搏击。冯（píng）河：徒足涉河。冯，通凭（凭），凭借的意思。

【译文】

孔子对颜渊说："任用就干起来，不任用就隐藏起来，只有我和你能做到这样吧！"子路问："您统帅军队作战，又和谁在一起呢？"孔子说："徒手搏虎、赤脚过河，死到临头还不后悔的人，我不跟他一起。我要的一定是那种面对任务谨慎小心，周密谋划而能干成事情的人。"

【评析】

在前面的《公冶长篇》，孔子赞赏宁武子的"邦有道，则知；邦无道，则愚"，跟本篇讲的"用之则行，舍之则藏"观点类似。后来孟子将此总结为"穷则独善其身，达则兼济天下"。同样在《公冶长篇》，孔子评价"由也好勇过我，无所取材"，也是批评子路勇猛有余而谋断不足。我们从这些文字可以看出孔子因材施教的特点,师生之间对话的场景也生动有趣。

子曰:"富而可求也,虽执鞭之士①,吾亦为之。如不可求,从吾所好。"

【注释】

①执鞭之士:杨伯峻注:根据《周礼》,有两种人拿着皮鞭,一种是古代天子以及诸侯出入之时,拿着皮鞭让行路之人让道的人。一种是市场的守门人,手执皮鞭来维持秩序。这些都是低贱的职位。

【译文】

孔子说:"如果富贵是可以追求到的,哪怕职位低贱,我也愿意干。如不可求,则依从我的爱好。"

【评析】

孔子认为"死生有命,富贵在天",富贵不是单靠自身努力就能实现的。孔子出身没落贵族家庭,幼时贫寒,长大后做过管理粮仓的小官,掌管畜牧的小吏,知道富贵并不容易获得。他也曾经感叹颜回学问够好的了,可老是陷入贫穷,子贡做生意却发了大财。在孔子看来,追求财富是一个人的正当行为,即使放低身段也在所不惜,但对于大多数人而言,富贵是可遇而不可求的事情。与其汲汲于富贵,不如专注于自己喜好的事业。

子在齐闻《韶》①,三月不知肉味②,曰:"不图为乐之至于斯也。"

【注释】

①《韶》:相传为舜时的乐曲名。

②三月:表示时间很长。三,这里不是实指。《史记》作"学之,三月不知肉味",指孔子学《韶》乐时神情专注,连肉的味道都感觉不出来了。

【译文】

孔子在齐国听《韶》乐,很长时间尝不出肉的味道,说:"没想到舜时的音乐达到这样美妙的地步。"

【评析】

孔子专注于音乐,迷恋到忘记肉的味道的地步。

这是道德与艺术交融的人生境界,体现了孔子精神世界的超越。人生境界可分为四种:物欲境界、知识境界、道德境界和审美境界。审美为最高境界,而音乐等艺术能帮助人们进入审美境界。

子曰:"饭疏食①,饮水,曲肱②而枕之,乐亦在其中矣。不义而富且贵,于我如浮云。"

【注释】
①饭:吃。疏食:粗粮。
②肱(gōng):胳膊上从肩到肘的部分,这里指胳膊。

【译文】
孔子说:"吃粗粮,喝冷水,弯着胳膊当枕头睡觉,乐也在其中了!不正当得到的富贵,对我来说就像天上的浮云。"

【评析】
孔子并非不求富贵,而是坚持义在利先,尤其是不义带来的富贵,根本不值得羡慕,就像天上的浮云,来去都和自己无关。

子曰:"加我数年,五十以学《易》,可以无大过矣。"

【译文】

孔子说:"让我多活几年,到五十岁这个年纪学《易》,就可以没有大的过失了。"

【评析】

《易》是一部占卜吉凶的书,内容极其丰富,儒家将其视作讨论宇宙和人生法则,指导人们认识世界,处世行事的经典。它也是中国先民智慧的结晶,旨在探讨客观事物的演变规律。一个人有了丰富的阅历之后才能领略其奥妙所在,明白吉凶消长之理,进退存亡之道,所以孔子说"五十以学《易》,可以无大过"。《史记·孔子世家》记载:"孔子晚而喜《易》,序《彖》《系》《说卦》《文言》。"成语"韦编三绝"就是指孔子读《易》勤奋专心,以至于用来串连竹简的牛皮带子都磨断了几次。

叶公①问孔子于子路,子路不对。子曰:"女奚②不曰:其为人也,发愤忘食,乐以忘忧,不知老之将至云尔③。"

【注释】

①叶(shè)公：姓沈，名诸梁，字子高，春秋时著名政治家、军事家。因受封于叶（今河南叶县南），有贤名，被称为叶公。

②奚：怎么，为什么。

③云：如此，这样。尔：同"耳"，而已。

【译文】

叶公问子路孔子是怎样的人，子路没有回答。孔子说："你怎么不说：他这个人啊，发奋学习就忘记吃饭，经常快乐就忘记了忧愁，不知道快要变老了，如此而已。"

【评析】

这是孔子的自我总结。子路为何没有回答他的老师是怎样一个人呢？或许因为他觉得老师太伟大，学问太深了，没法简单回答。孔子却用几句话对自己的一生作了高度概括。"发愤忘食"，是说他学而不厌，诲人不倦；"乐以忘忧"，是说他安贫乐道，正所谓"仁者无忧"；"不知老之将至"，是说他怀着愉悦的心情学习、传授知识，不知不觉间忘掉了自己的衰老。这些似乎人人都能学,但真正做到的却极少,是普通人难以企及的高度。

子不语怪、力、乱、神①。

【注释】

①怪、力、乱、神:怪,怪异;力,暴力;乱,犯上作乱;神,鬼神。

【译文】

孔子不谈论:怪异、暴力、变乱、鬼神之类的事情。

【评析】

钱穆说,孔子语常不语怪,语德不语力,语治不语乱,语人不语神。这体现了孔子的理性主义与人本主义精神。

子曰:"三人①行,必有我师焉:择其善者而从之,其不善者而改之。"

【注释】

①三人:指几个人,非实指。

【译文】

孔子说:"几个人一块同行,其中必定有值得我学习的人:我选取他的优点向他看齐,对照他的缺点加以改正。"

【评析】

子贡说他的老师无处不学,何必要有固定的老师。(《子张篇》:"夫子焉不学?而亦何常师之有?")这里孔子是说一个人当取人所长,避人所短,不断完善自己。

互乡^①难与言,童子见,门人惑。子曰:"与^②其进也,不与其退也,唯何甚^③?人洁己以进,与其洁也,不保^④其往也。"

【注释】

①互乡:古邑名。
②与:赞赏。

③唯：句首语气助词。何：为什么，怎么。甚：过分。

④保：守住。

【译文】

互乡这个地方的人不好说话，一个少年却得到了孔子的接见，弟子们都很疑惑。孔子说："应该肯定他的进步，不赞成他的退步，何必那么过分呢？人家洗得干干净净地过来，要肯定他现在干干净净的样子，过去的就别抓住不放。"

【评析】

要善于发现别人的优点，不计较已经犯过的小错，这样被教育者就不会产生抵触情绪。孔子说过："以前的事不要再评说了，做完的事不要再议论了，过去的事就不要再追究了。"（《八佾篇》："成事不说，遂事不谏，既往不咎。"）这是孔子的诲人之道。他赞赏："伯夷、叔齐不记旧怨，所以怨恨他们的人很少。"（《公冶长篇》："子曰：'伯夷、叔齐不念旧恶，怨是用希。'"）

子曰:"仁远乎哉?我欲仁,斯仁至矣。"

【译文】
孔子说:"仁离我们很远吗?我想要仁,仁就来了。"

【评析】
仁道出于本心,反求诸己便可以得到仁。能否得到仁,全在于个人的自觉追求,在于对仁道的躬身实践。

子曰:"君子坦荡荡①,小人长戚戚②。"

【注释】
①坦:直率。荡荡:宽广。
②戚戚:忧惧、忧伤的样子。

【译文】
孔子说:"君子总是胸襟宽广,小人总是烦恼忧愁。"

【评析】

君子乐天知命,俯仰无愧,自然胸襟宽广;小人惑于名利,患得患失,自然烦恼忧愁。

子温而厉①,威而不猛②,恭而安③。

【注释】

①温:温和。厉:严肃。
②威:威严。猛:凶猛,凶狠。
③安:安详。

【译文】

孔子温和而又严肃,威严而不凶猛,恭敬而又安详。

【评析】

孔子在待人接物方面,分寸都掌握得很好,这就是中庸之道。不卑不亢也是同样的道理。

泰伯篇第八

子曰:"泰伯①,其可谓至德②也已矣。三以天下让,民无得③而称焉。"

【注释】

①泰伯:亦作"太伯",周朝祖先古公亶(dàn)父的长子。古公有三子,太伯、仲雍、季历。季历的儿子就是姬昌(周文王)。传说古公亶父欲破例君位不传长子太伯,而传给幼子季历,进而传给姬昌。太伯为实现他父亲的意愿,便偕同仲雍出走至勾吴。姬昌后来扩张国势,竟有天下的三分之二,到他儿子姬发(周武王),便灭了殷商,统一天下。

②至德:最高的道德。至,顶点。

③得:得到。这里是合适的意思。

【译文】

孔子说:"泰伯,那可以说道德达到极点了。屡次把天下让给季历,老百姓简直找不到恰当的话来称赞他。"

【评析】

谦让为君子的可贵品德。孔子极力赞颂泰伯"三以天下让",勉励从政者应当具有这种以礼让为国,尊贤让能的博大胸怀。

子曰:"恭而无礼则劳①,慎而无礼则葸②,勇而无礼则乱,直而无礼则绞③。君子笃④于亲,则民兴于仁;故旧不遗,则民不偷⑤。"

【注释】

①劳:辛劳,烦劳。这里指若恭敬无礼则费力不讨好,徒劳无功。

②葸(xǐ):畏缩,胆怯。

③绞:说话尖刻。

④笃(dǔ):忠厚。

⑤偷:古有二义,一是淡薄,引申为怠惰;二是盗窃。

【译文】

孔子说:"恭敬而无礼就会劳而无功,谨慎而无礼就会临事胆怯,勇猛而无礼就会闯祸,直率而无礼就会尖酸刻薄。如果在上位的人用深情厚谊对待亲族,百姓就会崇尚仁爱;如果在上位的人能不遗弃老朋友,百姓就不会冷漠无情。"

【评析】

孔子在这里谈为人以及为政之道。他认为君子行事当约束在礼的框架之内,恭、慎、勇、直虽然都是美好的德行,但若不受礼的节制,就会走向反面。

曾子曰:"可以托六尺之孤①,可以寄百里之命②,临大节而不可夺也。君子人与?君子人也。"

【注释】

①尺:古代一尺约合现在的23厘米。六尺约合138厘米。身长六尺,一般指未成年的孩子。孤:死去父亲的孩子。这里指幼小的国君。

②寄:寄托。百里之命:诸侯国的政令。百里,指诸侯国。

【译文】

曾子说:"可以把幼小的国君托付给他,可以把国家的命运交付给他,面临危难的关头也不改变志向。是君子的为人吗?当然是君子的为人。"

【评析】

君子德才兼备。其才足以辅助幼君,摄理国政,其气节在生死关头也不可夺,这才是真君子。历史典故"赵氏孤儿"中的程婴就是可以托六尺之孤的君子。

曾子曰:"士不可以不弘毅①,任重而道远。仁以为己任,不亦重乎?死而后已②,不亦远乎?"

【注释】

①弘:远大,宽宏。毅:刚毅。
②已:停止。

【译文】

曾子说:"作为士不可以不胸襟开阔意志坚强,因为责任重大路途遥远。以行仁道为己任,这样的责任不是很重大吗?到生命终结才停止,路途不是很遥远吗?"

【评析】

士肩负着历史使命,换言之,是为了崇高理想而奋斗终生。

子曰:"兴于《诗》①,立于礼②,成于乐③。"

【注释】

①兴于《诗》:指诗能激发人的性情。兴,起。这里指激发,振奋。

②立于礼:指礼能让人行为举止合乎规范。立,站立。指一个人独立处于社会。

③成于乐:通过音乐来塑造完善的人格。成,完成,成就。

【译文】

孔子说:"《诗》能激发人的性情,礼能使人立足于社会,乐能塑造完善的人格。"

【评析】

孔子很重视诗教,他说"不学诗,无以言"(《季氏篇》)。诗能激发人的性情,让人认知善恶美丑,对世界观的形成有潜移默化的影响。礼是上自天子下至庶民立身处世的规范,不学礼,无以立。乐有教化的功能,不仅能使人辨善恶,知礼节,还能陶冶性情,达到净化心灵、融会贯通的目的。在儒家思想中,礼乐往往并称,体现了道德之境与审美之境的交融。

子曰:"好勇疾①贫,乱也。人而不仁,疾之已甚,乱也。"

【注释】

①疾:本义为病,或生病,引申为痛苦,痛恨,厌恶。

【译文】

孔子说:"崇尚勇猛而讨厌贫穷的人,会出乱子。对于不仁的人,过于痛恨,也会出乱子。"

【评析】

崇尚勇猛又讨厌贫困的人容易铤而走险,这跟"君子固穷,小人穷斯滥矣"(《卫灵公篇》)的道理一样。若过于厌恶不仁之人,这些人会感到没有出路,也会铤而走险。所以对于不仁之人也要适当地宽容,给他们改过自新的机会。这些都是孔子的经验之谈。

子曰:"笃信①好学,守死善道②。危邦不入,乱邦不居。天下有道则见③,无道则隐。邦有道,贫且贱焉,耻也;邦无道,富且贵焉,耻也。"

【注释】

①笃(dǔ):忠实专一。信:相信,信仰。

②守死:坚守理想到死不改。善道:善行其道,即保全、护卫道。

③见:同"现"。

【译文】

孔子说:"笃信仁义之道,喜爱并学习它,到死都极力守护仁义之道。不进入危险的国家,不居住在动乱的国家。天下太平就出来展现自己,天下不太平就隐藏起来。政治清明,贫贱就是耻辱;政治黑暗,富贵也是耻辱。"

【评析】

"天下有道则现,无道则隐。"这是君子的进退原则。儒家强调君子有所作为,要为社会、为国家有所贡献,但又必须保持独立人格,不能同流合污,这就是儒家倡导的"穷则独善其身,达则兼济天下"。国家政治清明,个人定当有所作为,同时也不会处于贫贱地位。政治昏暗,不同流合污则难以实现个人的荣华富贵,故富贵是可耻的。

子曰:"不在其位,不谋其政。"

【译文】

孔子说:"不在此职位上,就不要考虑这个职位上的事。"

【评析】

孔子反对越权办事,主张各司其职。他主张把自己分内之事做好,不要对别人职责内的事指手画脚。曾子说的"君子思不出其位"(《宪问篇》)也是同样的意思。

子曰:"学如不及,犹恐失之。"

【译文】

孔子说:"学问好像总追不上,还担心失去它。"

【评析】

不妨结合《论语》开篇语"学而时习之"来理解这段话。孔子认为知与行并进才是真正的学习,所以学到的知识若实践跟不上,那知识就会丢掉。

子曰:"巍巍①乎,舜禹之有天下也而不与②焉。"

【注释】

①巍:高大的样子。

②禹:夏朝开国之君,传说受虞舜的禅让而即帝位。与:参与。这里有"占有""享有"的意思。

【译文】

孔子说:"舜和禹真伟大啊!他们得到天下但不觉得天下是自己的。"

【评析】

最好的统治者是不想统治的统治者。舜和禹的伟大之处在于他们以天下为公,即使拥有了天下也不会视作自己的私产。

子曰:"大哉尧之为君也!巍巍乎!唯天为大,唯尧则①之。荡荡乎!民无能名②焉。巍巍乎其有成功也,焕乎其有文章③!"

【注释】

①则:法则。此为效法的意思。

②名:称颂。

③焕:光明。文章:指礼仪制度。

【译文】

孔子说:"伟大啊,尧作为君主!真的很高大啊!只有天最高大,只有尧能够效法它。他的恩德真的广博啊!民众不知怎样才能称赞他。他的功绩实在太崇高了,他的礼仪制度也确实太美好了!"

【评析】

孔子是一个复古论者,认为在上古时期,人心淳朴,百姓安居乐业,礼乐制度完备。这是对上古氏族社会的美化,并将其作为儒家的理想世界。孔子希望通过礼乐的教化,使人们回归到这一理想社会状态。

子罕篇第九

子罕①言利,与②命,与仁。

【注释】

①罕:少。
②与:认同,赞同。跟"吾与点也"(《先进篇》)的"与"义同。

【译文】

孔子极少谈论私利,但认同命运,赞许仁道。

【评析】

孔子很少谈论利,但并不排斥利,只是反对见利忘义,认为"君子喻于义,小人喻于利"。追求私利是人的本能,即使不谈论,人们也不会片刻忘怀,谈论多了只能激起人们的贪欲,而欲望过多人就很难刚直,这便是孔子"罕言利"的用意所在。孔子相信天命,说过"五十而知天命""天生德于予"之类的话。当然,孔子最看重的还是"仁",在《论语》中,"仁"字出现达109次之多。

子绝①四：毋意②，毋必③，毋固④，毋我⑤。

【注释】

①绝：断，尽。
②毋：无。意（yì）：同"臆"，主观猜测。
③必：肯定。这里指过于武断地表示肯定。
④固：固执。
⑤我：以自我为中心。

【译文】

孔子杜绝四种弊病：不主观臆测，不武断，不固执己见，不唯我独尊。

【评析】

人容易犯以上四种通病，最根本的一点就是自我蒙蔽，先入为主地看问题，因而受到局限。孔子能杜绝这四种通病，除了因为知识渊博，还由于他有内省的精神，谦逊的品格，平和、包容的心态。

子畏于匡①，曰："文王既没②，文不在兹③乎？天之将丧④斯文也，后死者不得与⑤于斯文也；天之未丧斯文也，匡人其如予何⑥？"

【注释】

①畏:通"围"。这里是拘囚的意思。匡:邑名,今河南省长垣县西南15里有匡城,或为此地。据《史记·孔子世家》,孔子离开卫国,准备去陈国,经过匡。匡人曾经受过鲁国阳货的欺压,而孔子的相貌很像阳货,便误以为孔子就是过去曾经残害过他们的人,于是囚禁了孔子。

②没:沉没。古人以沉没比喻死亡,是对死亡委婉的说法。后也写作"殁"。

③兹:此,这里。

④丧:失去。

⑤后死者:指后人。与:参与。

⑥如予何:奈我何。

【译文】

孔子在匡地被困,他说:"文王死了后,文化遗产不都由我继承吗?老天若要灭绝文化,那么后人就不会掌握这些文化了;老天若不愿灭绝文化,匡人能把我怎样?"

【评析】

孔子以传道者自许,认为自己肩负着传承先王之道的历史使命,因此他有足够的勇气和自信。他带领弟子周游列国，多次遇险。有次经过宋国，与弟子在大树下习礼，主管军事行政的司马桓魋（tuí）下令把树砍了，弟子担心孔子的安危，劝他快点走，孔子说："老天赋予我这样的品德，桓魋能把我怎样？"（《述而篇》："子曰：'天生德于予，桓魋其如予何？'"）即使落魄如此，他也没有丧失自信。

太宰^①问于子贡曰："夫子圣者与？何其多能也？"子贡曰："固天纵^②之将圣，又多能也。"子闻之，曰："太宰知我乎？吾少也贱，故多能鄙事^③。君子多乎哉？不多也。"

【注释】
①太宰：官名。
②纵：放任。
③鄙事：低级卑贱之事。

【译文】
太宰问子贡："你们的老师是圣人吧？为什么如此多才多艺？"子贡说："这本是上天要让他成为圣人，又让他多才多艺。"孔子听说后，说："太宰了解我吗?我小时候贫贱,所以学会了不少技艺。君子需要有这么多技艺吗?不用那么多。"

【评析】

孔子认为君子追求的是道,而不是技艺,所以他讲过"君子不器"。他认为自己小时候贫穷,后来又没得到重用才学会这么多技艺。这是孔子重道轻器的表现。

子曰:"吾有知乎哉?无知也。有鄙夫①问于我,空空②如也。我叩其两端而竭③焉。"

【注释】

①鄙夫:乡下人,乡鄙之人。也指见识浅薄之人。
②空空:即悾(kōng)悾。诚恳貌;空虚貌。
③叩:询问。这里有反问的意思。两端:指始末。竭:穷尽。

【译文】

孔子说:"我有所知吗?我无所知。有个乡下人问我,态度是那么诚恳。我根据他所提问题的前因后果反过来问他,直到弄明白了才告诉他。"

【评析】

"吾有知乎哉？无知也。"有人理解为："我有知识吗？我没有知识。"孔子虽然谦虚，但不可能认为自己没有知识，否则不会说出"文王既没，文不在兹乎"那么自信的话。他的本意应该是不要先入为主，即使面对乡鄙之人，也得先把事情的来龙去脉弄清楚，然后再作出判断。孔子不直接回答，而是反过来向提问者请教，多问几个为什么，通过了解事情的来龙去脉并形成自己的看法后，再告诉提问者。这体现了孔子"毋意，毋必，毋固，毋我"的原则，以及通过答疑不断获取新知的途径。

颜渊喟①然叹曰："仰之弥高②，钻③之弥坚。瞻之在前，忽焉在后④。夫子循循⑤然善诱人，博我以文，约我以礼，欲罢不能。既竭吾才，如有所立卓尔⑥。虽欲从之，末由⑦也已。"

【注释】

①喟（kuì）：长叹。

②仰：抬头。弥：更加。

③钻：钻研。

④瞻之在前,忽焉在后:指夫子之道仿佛在前面可以看见,突然又看不见了。谓孔子学问太高深了。瞻,向前或者向上望。

⑤循循:有次序。

⑥卓尔:高大的样子。卓,高。

⑦末:没有。由:途径。

【译文】

颜渊深深地感叹道:"老师的道德学问越仰望越觉得高,越钻研越觉得深。看着就在前面,忽然又在后面。老师一步一步地引导,用知识丰富我,用礼约束我,我想停止学习都不可能。我用尽自己的才力,似乎有一个高大的东西立在我前面。虽然我想要追随上去,却找不到可循的路径。"

【评析】

颜回自述学习夫子之道的体会,赞叹老师道德学问的高深。孔子平易近人,经常拿身边的事例教育学生,所授六艺也并非深不可测,但他率先垂范,注重对完美人格的塑造,达到常人难以企及的高度。高山仰止,就是用来表达对孔子的景仰。

子贡曰:"有美玉于斯,韫椟①而藏诸?求善贾②而沽诸?"子曰:"沽之哉!沽之哉!我待贾者也。"

【注释】

①韫(yùn):收藏,蕴藏。椟(dú):木柜,匣子。

②贾(gǔ):市,交易。也指商人。又读(jiǎ),同"价",价钱。

【译文】

子贡说:"这里有一块美玉,是把它放在柜子里藏起来呢?还是找一个识货的商人卖掉呢?"孔子道:"卖掉吧!卖掉吧!我正等着买主呢。"

【评析】

孔子主张经世致用,希望遇到赏识自己的人,随时准备出来干一番事业,实现自己的理想。

子欲居九夷①。或②曰:"陋③,如之何?"子曰:"君子居之,何陋之有?"

【注释】

①九夷：泛指东部的少数民族。

②或：有人。

③陋：简陋。这里指地方落后。

【译文】

孔子想搬到九夷去住。有人说："那地方很落后，怎么办？"孔子说："有君子住在那里，还会落后吗？"

【评析】

君子内心强大，即使环境恶劣，也无所畏惧，依然能推行道，发扬光大道。如明代思想家王阳明被贬谪到蛮荒之地贵州修文的龙场驿，他在一个山洞里悟道讲学，创立了影响深远的阳明心学，史称"龙场悟道"。他曾写下《何陋轩记》，取孔子"君子居之，何陋之有"之意，并将住室命名为"何陋轩"。

子在川上，曰："逝者如斯夫！不舍昼夜。"

【译文】

孔子在河边，感叹道："时光像流水一样啊！日夜不停地流走。"

【评析】

时光就像流水一样,一去不返,让人感受到光阴的紧迫,生命的短暂。只有自强不息,奋斗不止,才不会虚度年华。

子曰:"三军①可夺帅也,匹夫不可夺志②也。"

【注释】

①三军:军是军队的编制单位,按周礼,一军为12500人。天子六军,诸侯大国三军。三军也常用来对一国军队的总称。
②匹夫:庶人,平民。志:意志。

【译文】

孔子说:"三军可以剥夺主帅,匹夫不可剥夺意志。"

【评析】

人贵在道德人格的崇高。即使普通人,人格尊严也不容侵犯。

子曰:"衣敝缊袍①,与衣狐貉②者立,而不耻者,其由也与?'不忮不求③,何用不臧④?'"子路终身诵之。子曰:"是道也,何足以臧?"

【注释】

①衣(yì):穿。敝:破旧。缊(yùn):旧丝絮。袍(páo):长衣。

②狐貉(hé):狐和貉,这里指狐皮和貉皮。貉,即狸。

③忮(zhì):嫉妒。求:贪求。

④臧(zāng):善,好。"不忮不求,何用不臧"是引《诗经·邶风》语。

【译文】

孔子说:"穿着破旧的袍子,与穿着狐貉皮袍的人站在一起,而不自惭形秽的,大概只有子路吧?'不嫉妒不贪求,哪能不好?'"子路便老是念着这两句诗。孔子又说:"仅仅这个样子,怎么能认为足够好?"

【评析】

人容易在和他人的比较中产生虚荣心和自卑心。"衣敝缊袍,与衣狐貉者立,而不耻",内心足够强大才能做到这一点,所以孔子表扬了子路。但子路也因此有些飘飘然,于是孔子又敲打他,希望他不要得意,仅仅不嫉妒、不贪求还不够,还要坚持不懈地追求道。孔子说过:"士志于道,而耻恶衣恶食者,未足与议也。"(《里仁篇》)

子曰:"岁寒,然后知松柏之后凋①也。"

【注释】

①凋:凋零,凋残。

【译文】

孔子说:"到了寒冬时节,才知道松柏最后凋谢。"

【评析】

经过严峻考验,才能知晓一个人的气节到底如何。孟子所说的"富贵不能淫,贫贱不能移,威武不能屈"正是如此。

子曰:"知者不惑,仁者不忧,勇者不惧。"

【译文】

孔子说:"聪明的人不会迷惑,仁爱的人不会忧愁,勇敢的人不会畏惧。"

【评析】

聪明的人明白事理,所以不会迷惑;仁爱的人悲天悯人,没有私心,不会患得患失,所以无忧;勇敢的人以义为先,宁愿舍生取义,所以无惧。

子曰:"可与共学,未可与适①道;可与适道,未可与立②;可与立,未可与权③。"

【注释】

①适:往。
②立:站立。这里有坚持的意思。
③权:权变。指灵活应付随时变化的情况。

【译文】

孔子说:"有人可以与他共同学习,不一定能一起追求道;可以跟他一起追求道,不一定能坚持下去;可以跟他一起坚持下去,不一定能随机应变。"

【评析】

能权衡轻重,知道权变,是君子修身立德达到成熟阶段的标志。就孔子而言,他既有"明知不可为而为之"坚韧执着的一面,也有"用之则行,舍之则藏"灵活应变的一面。

乡党篇第十

君子不以绀緅①饰,红紫不以为亵②服。当暑,袗绤绤③,必表④而出之。缁衣⑤,羔裘⑥;素衣,麑⑦裘;黄衣,狐裘。亵裘长⑧,短右袂⑨。必有寝衣⑩,长一身有半。狐貉之厚以居⑪。去丧,无所不佩⑫。非帷裳⑬,必杀⑭之。羔裘玄冠不以吊⑮。吉月⑯,必朝服而朝。

【注释】

①绀(gàn):微带红的黑色。緅(zōu):微带黑的红色。

②亵(xiè):贴身内衣。

③袗(zhěn):单衣。绤(chī):细葛布。绤(xì):粗葛布。

④表:穿在外面的衣服。这里指穿上外衣。

⑤缁(zī)衣:黑色的衣服。

⑥羔裘:黑小山羊的皮衣。裘,皮衣。

⑦麑(ní):幼鹿。

⑧亵裘长:古代男子上面穿衣,下面穿裳(裙),衣裳不相连,为了保暖,皮袄就做得比较长。

⑨袂(mèi):袖子。

⑩寝衣:小卧被。

⑪以居:用作坐垫的意思。居,坐下来。

⑫去丧:除去丧服。指丧事完毕。去,除。无所不佩:玉佩在左,事佩在右。事佩有磨刀石、小刀和结绳工具等。

⑬帷裳:礼服。上朝和祭祀时穿,用整幅布不加裁剪而成,多余的布作褶(zhě)迭〔褶迭古代叫作襞(bì)积〕,犹如今天的百褶裙。古代男子上衣下裙。

⑭杀(shài):减少,裁去。

⑮羔裘玄冠不以吊:吊丧不穿黑羔裘,不戴玄色冠。玄冠,一种礼帽。"羔裘玄冠"都是黑色的,古代都用作吉服。丧事是凶事,因此不能穿戴着去吊丧。

⑯吉月:每月初一。

【译文】

君子不用深青透红或黑中有红的布镶边,红色和紫色不用来作平常居家的衣服。夏天,穿着粗的或细的葛布单衣,外出必罩上外衣。冬天穿黑色外衣时内穿黑羔皮的内衣,穿白色外衣时内穿小鹿皮的皮衣,穿黄色外衣时内穿狐皮的皮衣。居家的皮袄比较长,右边的袖子较短。睡觉一定要有小被,长度相当一个半身长。用狐貉的皮毛做坐垫。丧事结束后,什么都可以佩戴。不是正式场合的衣服,一定要裁边。吊丧时不穿黑衣、不戴黑帽。每月初一,必穿朝服去朝见。

【评析】

本章讲衣着的礼制,反映了当时上层社会的衣服形制和习惯。

食不厌精①,脍②不厌细。食饐而餲③,鱼馁而肉败④,不食。色恶⑤,不食。臭恶,不食。失饪⑥,不食。不时⑦,不食。割⑧不正,不食。不得其酱⑨,不食。肉虽多,不使胜食气⑩。唯酒无量,不及乱。沽酒市脯⑪不食。不撤姜食,不多食。

【注释】

①食:饭食。厌:足。

②脍(kuài):切细的鱼肉。

③饐(yì)、餲(ài):均指食物经久而变味。

④馁(něi):鱼腐败。败:肉腐败。

⑤恶:劣。

⑥失饪(rèn):没有煮熟。饪,煮熟。

⑦不时:指五谷或果蔬尚未成熟,还未到采食的时候。

⑧割：切割肉食。

⑨酱：芥酱。

⑩食气：指五谷主食。

⑪沽酒：一宿之酒，即尚未酿好的酒。沽，同"酤"。市脯：指从市场上买来的干肉。脯，干肉。

【译文】

粮食不嫌舂得精，鱼和肉不嫌切得细。食物经久而变味，鱼和肉腐烂，都不吃。食物颜色难看，不吃。气味难闻，不吃。没有煮熟的，不吃。尚未成熟的果蔬，不吃。不是按规矩切割的肉，不吃。鱼没有佐食的酱，不吃。席上肉虽然多，吃肉不超过主食。喝酒不限量，但不喝醉。没有酿好的酒和来路不明的肉干不吃。饭后不撤除姜，但不多吃。

【评析】

在吃的方面，孔子讲究礼节和卫生健康，"食不厌精，脍不厌细"，并不是追求一定要吃好的，而是说吃要讲规矩，要注意健康饮食。这跟他讲的"士志于道，而耻恶衣恶食者，未足与议也"（《里仁篇》）并不矛盾。

食不语,寝不言①。

【注释】
①寝不言:指不说话安静地睡觉。

【译文】
吃饭时不交谈,睡觉时不说话。

【评析】
孔子立的规矩颇严,有些并不适合现代社会,比如"食不语",像自助餐、午餐会,就是大家一边吃一边交流。当然说话容易噎着,得小心才是。"寝不言"指睡前不说话。现在有些学生在集体宿舍就寝前喜欢谈论,俗称"卧谈会",与"寝不言"相悖。

席不正,不坐。

【译文】
座席摆得不合礼制,不就座。

【评析】
古时坐有正席之礼,包括设席的方位和席的层数。席不正,指席的方位有所偏,或层数不当,孔子必正席而后坐。割不正不食,席不正不坐,说明孔子对礼十分讲究。

乡人饮酒①,杖者②出,斯出矣。

【注释】

①乡人饮酒:指行乡饮酒礼。周代流行的宴饮风俗,旨在为国家推荐贤者。

②杖者:指60岁以上的老人。《礼记·王制》:"五十杖于家,六十杖于乡,七十杖于国,八十杖于朝。"杖,手杖,拐杖。用作动词时,是拄杖的意思。

【译文】

参加乡人行乡饮酒礼,要等老人都出去后,才能出去。

【评析】

孔子待杖者走出后,自己才退场,处处体现尊老的礼数。

厩①焚。子退朝,曰:"伤人乎?"不问马。

【注释】

①厩(jiù):马棚,马圈。

【译文】

马厩烧了。孔子退朝回来,问:"伤人了吗?"不问马的情况。

【评析】

体现了孔子对人的生命的尊重,即人本主义精神。

先进篇第十一

德行：颜渊、闵子骞、冉伯牛①、仲弓；言语②：宰我③、子贡；政事④：冉有、季路；文学⑤：子游、子夏。

【注释】

①闵子骞（qiān）：孔子学生，名损，字子骞。以孝闻名。冉伯牛：冉氏，名耕，字伯牛。

②言语：指外交辞令。

③宰我：宰氏，名予，字子我。

④政事：施政办事。

⑤文学：指古代文献，即孔子所传的《诗》《书》《易》等。

【译文】

孔子的学生中，德行好的：颜渊、闵子骞、冉伯牛、仲弓；善于外交的：宰我、子贡；能办政务的：冉有、季路；熟悉古代文献的：子游、子夏。

【评析】

孔子门下三千弟子，精通六艺者七十二人，史称"七十二贤"。这里列举的十位被称作"孔门十贤",也叫"孔门十哲",这十位又分为"德行""言语""政事""文学"四科。实际上,孔门弟子中,卓异者并非仅此十位,比如孔子晚年对曾参、子张都很器重,但这里没有他们的名字。或许只是孔子在某个场合列举的名字,并非代表孔门弟子中最优秀的十位。

子曰:"回也非助我者也,于吾言无所不说。"

【译文】
孔子说:"颜回不是对我有所助益的人啊,他对我所说的没有不喜欢的。"

【评析】
颜回的缺点在于太听话。师生之间互相辩驳,教学相长,这样大家才会互相启发,共同提高。

子曰:"孝哉闵子骞!人不间于其父母昆弟①之言。"

【注释】

①间：非议。昆弟：兄和弟。

【译文】

孔子说："闵子骞真是孝顺呀！别人没法不同意他的父母兄弟对他的称赞。"

【评析】

闵子骞为人至孝。他少年丧母，父亲娶了继母。继母偏爱自己亲生二子，虐待闵子骞，子骞却并不告知父亲，以避免影响父母间的关系。某年冬天，继母给自己的孩子做棉袄，给子骞的棉袄填的是芦苇。一日，父亲坐车带他们兄弟三个外出，让闵子骞在前面掌鞭赶车，闵子骞因寒冷饥饿无法驭车，马车滑入路旁的水沟。父亲非常生气，说："你这个孩子真没出息，穿得这么厚还打哆嗦！看你弟弟，棉袄比你的薄，也没像你冻成那个样子。"呵斥后还鞭打他，结果抽破衣服露出芦花。父亲再捏捏另外两个儿子的棉衣，知道自己冤枉了闵子骞，而后决定休妻。子骞长跪于地为继母求情："母在一子寒，母去三子单。"父亲便不再休妻，继母也痛改前非。

季路问事鬼神。子曰:"未能事人,焉能事鬼?"曰:"敢①问死?"曰:"未知生,焉知死?"

【注释】
①敢:这里为谦辞,表示冒昧。

【译文】
子路问怎样侍奉鬼神。孔子说:"人都不能侍奉好,还谈什么侍奉鬼?"子路又道:"请问什么是死?"孔子说:"生的道理还没弄明白,怎么懂得死?"

【评析】
在对待鬼神上,孔子采取一种理性态度,即对不明白的事物存而不论,立足于现实,做好自己的本分。所以,"子不语怪、力、乱、神",主张"敬鬼神而远之"。

闵子侍侧,訚訚①如也;子路,行行②如也;冉有、子贡,侃侃③如也。子乐。"若由也,不得其死然。"

【注释】

①訚訚(yín)：和颜悦色。

②行行(hàng)：刚强。

③侃侃(kǎn)：从容不迫。

【译文】

闵子骞在旁侍奉时，一副温和恭顺的样子；子路侍奉时，一副刚强不屈的样子；冉有、子贡侍奉时，一副从容不迫的样子。孔子很高兴。又说："像子路这样，恐怕不得善终。"

【评析】

这是一个师生相聚的温馨场面。孟子说："得天下英才而教育之，三乐也。"孔子见到弟子尽性发展，感到由衷的高兴。但也替子路过于刚强感到担忧。后来，子路果然在战乱中被杀死，孔子听说后悲痛万分。

子贡问："师与商也孰贤？"子曰："师也过，商也不及。"曰："然则师愈与？"子曰："过犹不及。"

【译文】

子贡问孔子:"子张与子夏谁更强一些?"孔子说:"子张过头了点,子夏总是差那么一点。"又问:"那么是子张强一些吗?"孔子说:"做过了头和做得不够都一样。"

【评析】

"中庸"是最高的道德和行为规范,在孔子看来,"过"与"不及"都不够好。孔子赞赏尧命舜时所说的"允执其中",即适中,适可而止。偏离了"中",就有可能造成损害。"过犹不及"因此成为一个成语,告诫人们要把握好度,做到恰如其分。

季氏富于周公①**,而求也为之聚敛而附益之**②**。子曰:"非吾徒也,小子鸣鼓而攻**③**之,可也。"**

【注释】

①季氏:季康子。春秋时期鲁国的正卿季氏,名肥。谥康,史称"季康子"。周公:周公旦。也有一种说法是指在周天子左右作卿士的人,如周公黑肩、周公

阋之类。

②聚敛而附益之：事实可参阅《左传》哀公十一年和十二年文。季氏要用田赋制度，增加赋税，派冉求征求孔子的意见，孔子主张"施取其厚，事举其中，敛从其薄"，意思是施舍要力求丰厚，事情要做得适当，赋敛要尽量微薄。结果冉求仍旧听从季氏，实行田赋制度。

③鸣鼓：击鼓。古时战场上击鼓进攻，鸣金收兵。攻：声讨。

【译文】

季氏比周公还富，然而冉求还在帮他搜刮钱财。孔子说："他不是我的学生，你们可以大张旗鼓地声讨他。"

【评析】

孔子主张轻徭薄赋的财税政策，藏富于民，反对横征暴敛。这体现了儒家的仁政思想。

子曰："回也其庶①乎，屡空②。赐不受命，而货殖焉，亿则屡中③。"

【注释】

①庶(shù):庶几,差不多。
②空:贫穷。
③亿则屡中:指子贡猜测物价行情总是很准,很会做生意。亿,猜测。中,得。

【译文】

孔子说:"颜回的学问不错了吧,可他却贫穷。子贡不听从命运的安排,去做生意,对市场行情总是判断准确。"

【评析】

每个人的际遇都不一样。子贡不受命,按李泽厚先生的说法,"所谓不受命,即不相信偶然性即必然性,而且与之奋斗,不信邪,不怕鬼,事在人为"(《论语今读》)。孔子在这里并非对颜回和子贡有所褒贬,只是感叹命运的不公。颜回安贫乐道,精神可嘉。但子贡成为孔门弟子中的首富,后世儒商公认的鼻祖,也不只是因为命好,主要还是因为他有经商的天赋。

子曰:"论笃是与①,君子者乎?色庄②者乎?"

【注释】

①论笃是与:"与论笃"的倒装形式,"是"是帮助倒装之用的词,和"唯你是问"的"是"用法相同。"与",许。"论笃"即"论笃者"。

②色庄:表情庄重、严肃。色,面部表情。庄,庄重,庄严。

【译文】

孔子说:"只凭他议论笃实便赞许他,哪知道是真正的君子呢?还是表面上伪装庄重的人呢?"

【评析】

判断一个人的好坏不能只看表面。

子路问:"闻斯行诸?"子曰:"有父兄在,如之何其闻斯行之?"冉有问:"闻斯行诸?"子曰:"闻斯行之。"公西华①曰:"由也问'闻斯行诸',子曰'有父兄在';求也问'闻斯行诸',子曰'闻斯行之'。赤也惑,敢问。"
子曰:"求也退,故进之;由也兼人②,故退之。"

【注释】

①公西华:公西赤,姓公西,名赤,字子华,亦称公西华。孔子弟子,孔门七十二贤之一。

②兼人:指争强好胜。

【译文】

子路问:"听到就做吗?"孔子说:"有父兄在,怎么能听到就做?"冉有问:"听到就做吗?"孔子说:"听到就做。"公西华说:"仲由(子路)问'听到就做吗',您说'有父兄在';冉求(冉有)也问'听到就做吗',您却说'听到就做'。我很疑惑,请问这是为什么?"孔子说:"冉有总是退缩,所以要鼓励他;子路争强好胜,所以要约束他。"

【评析】

这是孔子因材施教的一个生动例子。

子路、曾皙①、冉有、公西华侍坐。

子曰:"以吾一日长乎尔②,毋吾以③也,居④则曰:'不吾知也!'如或知尔,则何以哉⑤?"

子路率尔⑥而对曰:"千乘之国,摄乎大国之间⑦,加之以师旅,因之以饥馑;由也为之,比及⑧三年,可使有勇,且知方⑨也。"

夫子哂⑩之。

"求,尔何如?"

对曰:"方六七十⑪,如⑫五六十,求也为之,比及三年,可使足民。如其礼乐,以俟君子。"

"赤,尔何如?"

对曰:"非曰能之,愿学焉。宗庙之事⑬,如会同⑭,端章甫⑮,愿为小相⑯焉。"

"点,尔何如?"

鼓瑟希⑰,铿尔,舍瑟而作⑱,对曰:"异乎三子者之撰⑲。"

子曰:"何伤乎?亦各言其志也。"

曰:"莫⑳春者,春服既成㉑,冠者㉒五六人,童子六七人,浴乎沂㉓,风乎舞雩㉔,咏而归。"

夫子喟然叹曰:"吾与㉕点也!"

【注释】

①曾皙（xī）：即曾点，曾参的父亲，也是孔子的学生。

②以：因为。一日长乎尔：孔子作为长者的谦辞。这几位是孔子早期学生，师生年龄相差不大，但年龄最大的子路比孔子也小9岁。

③以：有两种解释：一、同"已"，停止。"毋吾以也"意即不要因为我比你们大几岁就不肯说了；二、用。这句的意思是不要因为没有人用我，你们就不肯说。两种解释都通。

④居：平时。

⑤何以哉：怎么做的意思。以，用。

⑥率尔：轻率。

⑦摄乎大国之间：指夹在大国之间。摄，挤迫。

⑧比及：等到。

⑨知方：明白义理。

⑩哂（shěn）：微笑。

⑪方六七十：古代的土地面积计算方式，"方六七十"不等于"六七十方里"，而是每边长六七十里的意思。

⑫如：或者。

⑬宗庙之事：指祭祀。

⑭会同：诸侯聘问或盟会。

⑮端章甫：指穿戴礼服礼帽。端，古代礼服之名。

章甫,古代礼帽之名。

⑯相:赞礼之人。

⑰希:同"稀",稀疏。

⑱舍瑟而作:推开瑟站起来。作,站起来的意思。

⑲撰:同"僎",陈述。

⑳莫:同"暮"。

㉑成:定。

㉒冠者:指成人。冠,古时男子二十岁为成年,束发加冠。

㉓沂:水名,沂水源出山东邹县东北,西流经曲阜与洙水合,入于泗水。

㉔舞雩(yú):指舞雩坛,坛高三丈。在今曲阜稷门外沂水对岸,是古代求雨祭天的地方。

㉕与:赞同。

【译文】

子路、曾皙、冉有、公西华陪坐。

孔子说:"我不过比你们大几岁,不要顾虑我就不肯讲。你们平时说没人理解你们,如果有人理解并重用你们,你们打算怎么做?"

子路急忙说:"一千辆军车的国家,夹在大国之间,外有强敌侵犯,内有灾荒饥馑,我来管理,只要三年,可使百姓有勇气,个个讲道义。"

孔子微微一笑。

"冉求,你怎样?"

答:"国土纵横各六七十里或五六十里的小国家,我来治理,只要三年,可使百姓富足,至于推行礼乐,只能等贤人君子。"

"公西赤,你怎样?"

答:"我不敢说有这种能力,但愿意学习。祭祀或者外交,我愿穿着礼服礼帽,做一个赞礼的小相。"

"曾点,你怎样?"

曾点弹瑟正接近尾声,他铿的一声放下瑟,站起来答道:"我与他们三位不同。"

孔子说:"说说有什么关系?只是各谈各的志向而已。"

曾点说:"暮春三月,春装做好了,约上五六个成年人,带上六七个小孩,在沂水边沐浴,在舞雩台上吹风,然后一路唱着歌回家。"

孔子感叹道:"我赞同曾点的主张。"

【评析】

"吾与点也"是本章的中心和落脚点。因为曾点的境界超越世俗的功利,进入了审美的人生最高境界。国家安定,人们安居乐业,才有可能获得如此自由的快乐。曾点描绘的这个场景看似普通,其实若每个人都能有如此放松快乐的心情,这样无拘无束地歌唱,那就是太平盛世了。

颜渊篇第十二

颜渊问仁。子曰:"克己复礼①为仁。一日克己复礼,天下归②仁焉。为仁③由己,而由人乎哉?"颜渊曰:"请问其目④。"子曰:"非礼勿视,非礼勿听,非礼勿言,非礼勿动。"颜渊曰:"回虽不敏,请事斯语⑤矣。"

【注释】
①克:约束。复:践行。
②归:赞许。
③为仁:行仁。
④目:条目。即哪几点。
⑤事:依据,听从。斯语:这些话。斯,这,这些。

【译文】
颜回问怎样做到仁。孔子说:"约束自己来践行礼,这就是仁。哪天做到了这一点,天下人都会称赞你是仁人。为仁靠的是自己,难道还能靠别人吗?"颜回说:"请问这样做的要点有哪些?"孔子说:"不合礼的事不看,不合礼的事不听,不合礼的事不说,不合礼的事不做。"颜回说:"我虽然愚钝,但请让我照您的话去做。"

【评析】

仁不是外在的强制,而是内在的约束,是靠修身功夫达到的自觉行为。"非礼勿视,非礼勿听",不是对那些违礼的言行装着看不见、听不见,而是不听从、不接受。

仲弓问仁。子曰:"出门如见大宾①,使民如承大祭②。己所不欲,勿施于人。在邦无怨,在家③无怨。"仲弓曰:"雍虽不敏,请事斯语矣。"

【注释】

①大宾:地位尊贵的宾客。

②大祭:特指王者祭天地和祭始祖的祭祀。

③在家:在卿大夫家。刘宝楠《论语正义》:"在邦谓仕于诸侯之邦,在家谓仕于卿大夫之家也。"

【译文】

冉雍问怎样做到仁。孔子说:"出门时要像会见贵宾一样庄重,役使百姓就像承担重大祭典一样严肃。自己不愿做的，就不要强加于人。在朝廷供职没有怨言，在卿大夫家做事也没有怨言。"冉雍说："我虽然愚钝，也要照您的话去做。"

【评析】

这里也是孔子对如何具体实践仁的回答。其中"己所不欲，勿施于人"，用现在的话讲就是换位思考，不要把自己不喜欢的东西强加给别人。"出门如见大宾""己所不欲，勿施于人"并非孔子的发明，如《左传》僖公三十三年晋臼季说："臣闻之，出门如宾，承事如祭，仁之则也。"《管子·小问篇》上讲："非其所欲，勿施于人，仁也。"由此可见，孔子引用当时人们使用的成语来谈论仁的标准。

司马牛①问仁。子曰："仁者，其言也讱②。"曰："其言也讱，斯谓之仁已乎？"子曰："为之难，言之得无讱乎？"

【注释】

①司马牛：复姓司马，名耕，一名犁，字子牛。孔子学生。

②讱(rèn)：本义为说话很迟钝。这里指说话谨慎。

【译文】

司马牛问怎样做到仁。孔子说："仁者言谈谨慎。"又问："言谈谨慎，就能叫作仁吗？"孔子说："做起来很难，言谈能不谨慎吗？"

【评析】

孔子说，"先行其言而后从之"（《为政篇》），"君子讷于言而敏于行"（《里仁篇》），都是讲君子的行为准则。孔子认为话不要轻易说出口，重要的是要用实际行动说话，"君子以行言，小人以舌言"（《孔子家语·颜回》）。他还将此上升到仁的高度，认为"刚、毅、木、讷，近仁"（《子路篇》）。

司马牛问君子。子曰："君子不忧不惧①。"曰："不忧不惧，斯谓之君子已乎？"子曰："内省不疚②，夫何忧何惧？"

【注释】

①忧:忧愁,忧伤。惧:恐惧,害怕。
②疚(jiù):惭愧。

【译文】

司马牛问怎样才算君子。孔子说:"君子不忧愁不恐惧。"问:"不忧愁不恐惧,就能叫作君子吗?"孔子说:"问心无愧,何来忧惧?"

【评析】

孔子曾经谦虚地表示:"君子的三种品德我没做到:知者不惑,仁者不忧,勇者不惧。"("君子道者三,我无能焉:知者不惑,仁者不忧,勇者不惧。"《宪问篇》)只有坦坦荡荡、问心无愧的君子,才能做到不忧不惧。在孔子心目中,君子仅次于圣人,他自认为君子的三种品德没做到,这当然是自谦,但也说明能做到的都是非常了不起的人。

司马牛忧曰:"人皆有兄弟,我独亡①。"子夏曰:"商闻之矣:'死生有命,富贵在天②'。君子敬而无失③,与人恭而有礼。四海之内,皆兄弟也。君子何患乎无兄弟也？"

【注释】

①亡：同"无"。

②死生有命：死生都不由自己做主。富贵在天：富贵是由天命决定的。所谓的天命是指不以人的意志为转移的诸多偶然因素。

③无失：无失于敬。失，丧失。

【译文】

司马牛忧伤地说："别人都有兄弟，唯独我没有。"子夏说："我听老师说：'死生有命，富贵在天'。君子做事严谨而不犯错误，对人恭敬而有礼。四海之内彼此都是兄弟。君子何愁没有兄弟呢？"

【评析】

人的死生、祸福很大程度上由天命所定，所以对天命当存敬畏之心，但并非一味地屈从于天命，而是要"听天命，尽人事"。君子当严于律己，宽以待人，对人恭敬有礼，这样四海之内都会和你亲如兄弟。子夏借用孔子的话开导司马牛，希望他敞开胸怀，接纳四海之内的兄弟，这样就不会孤单伤感了。

子张问明。子曰:"浸润之谮①,肤受之愬②,不行焉,可谓明也已矣。浸润之谮,肤受之愬,不行焉,可谓远也已矣。"

【注释】

①浸润:逐渐浸湿。指一点一滴地积累、渗透。谮(zèn):诬陷,说人坏话。
②愬(sù):诋毁,诽谤。

【译文】

子张问怎样才称得上明白。孔子说:"不断积累的谗言,切肤之痛的诬告,在你这里行不通,就算明白了。不断积累的谗言,切肤之痛的诬告,在你这里行不通,就算看得远了。"

【评析】

面对谗言或者诬告,始终保持头脑清醒,当然算得上明白人了。但做一个看得透的明白人,并非易事。

子贡问政。子曰:"足食①,足兵②,民信之矣。"子贡曰:"必不得已而去,于斯三者何先?"曰:"去兵。"子贡曰:"必不得已而去,于斯二者何先?"曰:"去食。自古皆有死,民无信不立。"

【注释】

①足食:指粮食储备充分。

②足兵:兵源、武器充足。兵,本指兵器,这里兼指兵器和执兵器的人。

【译文】

子贡问怎样治理政事。孔子说:"粮食充足,军备充分,民众信任。"子贡问:"如果迫不得已要去掉一项,以上三项中哪项可以去掉?"孔子说:"去掉军备。"子贡问:"如果迫不得已再去掉一项,剩下二项中哪项可以去掉?"孔子说:"去掉粮食。自古以来,人都免不了死亡,如果得不到民众信任,国家就维持不住。"

【评析】

人无信不立,业无信不兴,国无信则衰。若信用破产,不啻个人无法在社会上立足,国家也会因此失去依凭。粮食、军备当然重要,但信用没有了,一切无从谈起。

棘子成①曰:"君子质而已矣,何以文为?"子贡曰:"惜乎,夫子之说君子也!驷②不及舌。文犹质也,质犹文也。虎豹之鞟③犹犬羊之鞟。"

【注释】

①棘子成:卫国大夫。古代大夫均可以尊称为"夫子",故子贡这样称呼他。

②驷:四马。古时四马驾一车。

③鞟(kuò):去毛的皮。

【译文】

棘子成说:"君子质朴就行了,何必要有文饰?"子贡说:"可惜啊,您这样理解君子。一言既出,驷马难追。如果文就是质,质就是文,那去掉毛之后的虎豹之皮就如同犬羊之皮。"

【评析】

孔子说:"质胜文则野,文胜质则史。文质彬彬,然后君子。"(《雍也篇》)总体而言,孔子更看重质,但也并不轻视文,文对于君子也很重要。子贡用"虎豹之鞟犹犬羊之鞟"来反驳棘子成的观点。

哀公问于有若曰:"年饥,用不足,如之何?"有若对曰:"盍彻①乎?"曰:"二②,吾犹不足,如之何其彻也?"对曰:"百姓足,君孰与不足?百姓不足,君孰与足?"

【注释】

①盍:何不。彻:周代实行十抽一的税制,称为彻。

②二:十分之二税。

【译文】

哀公问有若:"荒年收成不好,国家用度不足,怎么办?"有若答道:"为何不实行十抽一的税制呢?"哀公说:"十抽二,我还嫌不够,怎么能十抽一呢?"有若答道:"如果百姓用度够,您还会不够?百姓用度不够,您又怎么会够?"

【评析】

这体现了儒家的民本思想。百姓富足,统治者就不用担心国库空虚了。这与藏富于民的观点是一致的。

齐景公问政于孔子。孔子对曰:"君君,臣臣,父父,子子。"公曰:"善哉!信如君不君,臣不臣,父不父,子不子,虽有粟,吾得而食诸?"

【译文】

齐景公向孔子问治政之道。孔子答道:"国君是国君,臣下是臣下,父亲是父亲,儿子是儿子。"齐景公说:"说得好极了!如果君不像君,臣不像臣,父不像父,子不像子,即使有粮食,我能吃得到吗?"

【评析】

孔子认为治政的关键在于建立稳定的社会秩序,君君,臣臣,父父,子子,就是君要尽君道,臣要尽臣道,父要尽父道,子要尽子道,各自摆正自己的位置,做到君主像君主的样子,臣子像臣子的样子,父亲像父亲的样子,儿子像儿子的样子,这个社会就不会乱套。他将父子、兄弟、夫妇、长幼、君臣之间的权利义务称为"人义","父慈子孝、兄良弟悌、夫义妇听、长惠幼顺、君仁臣忠,十者谓之人义"(《孔子家语·礼运》)。

子曰:"听讼①,吾犹人也。必②也使无讼乎!"

【注释】
①听讼:听其讼辞来判断案子,即处理诉讼。
②必:一定。

【译文】
孔子说:"处理诉讼,我跟别人一样。一定要让诉讼不要发生才好。"

【评析】
孔子在鲁定公时做过大司寇。大司寇为治理刑事的官,或许这是在司寇职位上说的话。孔子认为法律只能作为维护社会秩序的辅助手段，根本点在于以德治国，施行礼乐教化，这样才能减少诉讼，甚至无讼。无讼是孔子心目中理想社会的图景。当今中国已是法治社会，但孔子无讼的思想仍有其积极意义。通过提高道德修养和社会文明程度，尽可能减少诉讼，不仅可以节约打官司的成本，对促进社会和谐也有很大帮助。

子张问政。子曰："居①之无倦，行②之以忠。"

【注释】
①居：居位，居于某一职位。
②行：行事。

【译文】
子张问为政之道。孔子说："在位子上不要懈怠，办理政事要忠心耿耿。"

【评析】
"食人之禄，忠人之事"，跟这个意思差不多。

子曰:"君子成人之美,不成人之恶。小人反是。"

【译文】

孔子说:"君子成全别人的好事,不促成别人的坏事。小人与此相反。"

【评析】

小人为何不能成人之美,反倒成人之恶?因为心胸狭隘,嫉妒心强。只有克服自己的嫉妒心,才能使心胸变得宽广,在成全别人的同时,也成全了自己。

季康子①问政于孔子。孔子对曰:"政者,正也。子帅②以正,孰敢不正?"

【注释】

①季康子:鲁哀公时正卿,当时政治上最有权力的人。

②帅:同"率"。

【译文】

季康子问孔子为政之道。孔子说:"政,就是端正。您自己行为端正作出表率,谁还敢不端正?"

【评析】

"上行下效",意思是上面的领导者怎样做,下面的人民就会跟着怎么做。

季康子问政于孔子曰:"如杀无道,以就^①有道,何如?"孔子对曰:"子为政,焉用杀?子欲善而民善矣。君子之德风,小人之德草,草上之风,必偃^②。"

【注释】

①就:接近。
②偃(yǎn):仆倒。

【译文】

季康子向孔子问治政之道:"如果杀掉恶人来亲近好人,怎么样?"孔子回答说:"您治理政治,怎么要杀人呢?如果您追求善,民众自然跟着从善。从政者的品德像风,民众的品德像草,风在草上吹,草必随风倒。"

【评析】

孔子强调仁政的重要性,认为统治者施行仁政,老百姓自然会服从。杀人等强制手段是靠不住的。这与法家的理念有很大不同。

樊迟①从游于舞雩之下。曰:"敢问崇德,修慝②,辨惑。"子曰:"善哉问!先事后得,非崇德与?攻其恶,无攻人之恶,非修慝与?一朝之忿③,忘其身,以及其亲,非惑与?"

【注释】

①樊迟:孔子学生。姓樊,名须,字迟。
②修:改正。慝(tè):隐藏在内心的怨恨。
③一朝:一时。忿:愤怒,怨恨。

【译文】

樊迟陪孔子到鲁国的舞雩台游览。樊迟问:"请问怎样才能尊崇品德,去除内心的怨恨,辨别哪些是糊涂事?"孔子说:"问得好!先努力去做,然后有收获,不就是尊崇品德吗?检讨自己的过失,不指责他人的过失,不就去除掉内心的怨恨了吗?忍不住一时之气，忘了自己和亲人的安危，不就是糊涂吗？"

【评析】

孔子教导樊迟如何提升自身修养。樊迟问得好，因为"崇德、修慝、辨惑"确实是值得每个人认真审视的问题，孔子在此提供了答案和实现的具体途径。

樊迟问仁，子曰："爱人。"问知，子曰："知人。"樊迟未达①。子曰："举直错诸枉，能使枉者直。"樊迟退，见子夏曰："乡②也吾见于夫子而问知，子曰：'举直错诸枉，能使枉者直'，何谓也？"子夏曰："富③哉言乎！舜有天下，选于众，举皋陶④，不仁者远⑤矣。汤⑥有天下，选于众，举伊尹⑦，不仁者远矣。"

【注释】

①达：弄明白。

②乡（xiàng）：同"向"。过去，刚才。

③富：内涵丰富。

④皋陶（gāo yáo）：舜的臣子。

⑤远：离开。

⑥汤：成汤，商朝开国君主。

⑦伊尹（yī yǐn）：商朝开国元勋，杰出的政治家、思想家。

【译文】

樊迟问怎样才算得上仁，孔子说："爱人。"问怎样才称得上智，孔子说："善于识别人。"樊迟不理解。孔子说："把正直的人位置放在邪恶的人之上，能使邪恶的人变得正直。"樊迟退了出来，见到子夏说："刚才我见到老师，问什么是智，老师说：'把正直的人位置放在邪恶的人之上，能使邪恶的人变得正直'，这是什么意思？"子夏说："这话含义多么丰富啊！舜有了天下，在众人中选拔人才，选了皋陶，邪恶之徒从此销声匿迹。汤管理天下，从群众中挑选人才，提拔了伊尹，坏人就没有容身之处了。"

【评析】

樊迟请教孔子怎样做到仁和智，孔子指出仁在于对人要有爱心，智在于知人善任，这是通达仁和智的关键。

子贡问友。子曰:"忠告而善道之,不可则止,毋自辱焉。"

【译文】

子贡问怎么交友。孔子说:"忠心地劝告,善意地引导,不听则止,不要自取其辱。"

【评析】

《论语》中多处讲交友之道。前面的《里仁篇》曾引子游的话:"事君数,斯辱矣;朋友数,斯疏矣。"这里讲"不可则止",也是同样的意思。朋友之间也要保持一定的距离,不要以为私交好,对方就一定会听从自己,说多了只会惹人生厌,自取其辱。

曾子曰:"君子以文会友,以友辅仁。"

【译文】

曾子说:"君子通过文章结交朋友,依靠朋友来培养仁德。"

子路篇第十三

子路问政。子曰:"先之劳之①。"请益②。曰:"无倦。"

【注释】

①先之:以身作则,身先士卒。劳之:劳其民,让民众勤勉努力。

②请益:请求增加,请再多给点教导的意思。益,增加。

【译文】

子路问如何施政。孔子说:"自己先带头,然后让民众努力去做。"子路请孔子再多点教导。孔子说:"不要懈怠。"

【评析】

领导者应当带头示范,勤恳工作。

仲弓为季氏宰①,问政。子曰:"先有司②,赦小过,举贤才。"曰:"焉知贤才而举之?"

曰:"举尔所知,尔所不知,人其舍诸?"

【注释】

①季氏:即季孙斯,名斯,谥桓,史称季桓子,季孙意如(季平子)之子。宰:总管。
②有司:各部门。

【译文】

冉雍做了季氏的总管,问孔子如何处理政务。孔子说:"先明确各部门的职责,赦免部下的小过失,提拔贤才。"冉雍又问:"怎知道谁是贤才而提拔呢?"孔子说:"提拔你所了解的,你不了解的,别人会舍弃他们吗?"

【评析】

先有司,就是大家各司其职,各人尽自己的本分。这跟"君子思不出其位"(《泰伯篇》)的观点相通。赦小过,就是要严于律己,宽以待人。(韩愈《原毁》:"古之君子,其责己也重以周,其待人也轻以约。")最后一句"举尔所知,尔所不知,人其舍诸?"值得认真学习。作为管理者,最重要的能力就是任用贤能之人。在这一点上,首先要选择自己熟悉、了解的德才兼备的人，然后依靠众人的举荐。这个道理古今亦然。

子路曰："卫君①待子而为政，子将奚先？"子曰："必也正名②乎！"子路曰："有是哉，子之迂③也，奚其正？"子曰："野哉，由也！君子于其所不知，盖阙④如也。名不正，则言不顺；言不顺，则事不成；事不成，则礼乐不兴；礼乐不兴，则刑罚不中；刑罚不中，则民无所错⑤手足。故君子名之必可言也，言之必可行也。君子于其言，无所苟⑥而已矣。"

【注释】

①卫君：卫出公，卫氏，名辄。

②正名：即正名分。

③迂：迂腐，不切实际。

④盖：句首语气词。阙：同"缺"，存疑的意思。

⑤错：同"措"，安置。

⑥苟：苟且，随便。

【译文】

子路问："如果卫国的君主等待您去执政，您首先要做的是什么?"孔子说:"一定是纠正名分呀!"子路说:"是这样的吗?您太迂腐了,为何要纠正名分呀?"孔子说:"你太粗鄙了!君子对于不懂的事情,一般都采取存疑的态度。名分不正当,说话就不顺理成章;说话不顺理成章,事情就办不成;事情办不成,礼乐制度就建立不起来;礼乐制度建立不起来,刑罚就不会得当;刑罚不得当,百姓就会手足无措。所以君子订正了名分一定可以说出来,说出来一定可以执行。君子措辞说话不能有一点马虎。"

【评析】

做事要讲究名正言顺,否则名不正则言不顺,事情就不好办。孔子告诉子路,正名是为政的前提,只有这样,出令布治才具有正当性。

本章比较有趣的一点是对子路性格的刻画。子路跟孔子说话似乎并不客气,当面说"子之迂也",在孔子学生中或许只有他才这样。这一方面是因为他们年龄相差不大,子路只比孔子小9岁,而且跟随孔子时间最久,承担了辅助孔子教学的任务,角色类似今天的助教,另一方面是子路性格比较大胆、直率,所以孔子说他"野哉,由也"!

樊迟请学稼①。子曰:"吾不如老农。"请学为圃②。曰:"吾不如老圃。"樊迟出。子曰:"小人哉,樊须也!上好礼,则民莫敢不敬;上好义,则民莫敢不服;上好信,则民莫敢不用情③。夫如是,则四方之民襁④负其子而至矣,焉用稼?"

【注释】

①稼:种植谷物。

②圃(pǔ):种植蔬菜、瓜果、花草等的园地。引申为种菜的人。

③情:情况,实情。

④襁(qiǎng):背婴儿的宽带。

【译文】

樊迟请教种庄稼。孔子说:"我不如老农。"请教种菜。说:"我不如菜农。"樊迟出来。孔子说:"樊迟真是个小人!统治者重视礼法,民众不会不敬上;统治者重视道义,百姓不会不服从;统治者重视信誉,民众不会隐瞒实情。如果这样的话,则天下百姓都会携儿带女来投奔,哪用得着你自己种庄稼?"

【评析】

这里所谓"小人"并没有道德上的贬义,更不是骂人的话,它是从身份角度来讲。在《论语》里,君子有不同的含义,但大多数时候是指品德高尚的有地位的人,小人即地位低,没有大出息的人。孔子推崇的是精英教育,希望培养未来的统治者,而不是匠人或者农民。樊迟请教的这些问题孔子未必不懂,但他希望学生钻研大人之学,为政之道。

子曰:"诵《诗》三百①,授②之以政,不达;使③于四方,不能专对④。虽多,亦奚以为⑤?"

【注释】

①诵《诗》三百:这里特指在庄重场合下礼节性地诵《诗》,用以答对,并不是平时学《诗》。

②授:交付,交给。

③使:出使。

④专对:指在外交场合能够根据具体情况随机应变,独立对答。专,独;对,对答。

⑤以:用。为:表疑问的语气词。

【译文】

孔子说:"诵读《诗经》三百篇,让他处理政务,却办不好;让他出使外国,却不能独立应对。这样的人即便书读得再多,又有什么用?"

【评析】

孔子反对死读书,强调学以致用。这里用"诵《诗》三百"代表读书,因为《诗经》在当时有独特的地位,它不仅可以抒发个人情感,在宴饮等社交活动中也不可或缺,尤其在重要外交场合,经常引用《诗经》以示礼节和修养。《左传》对宾主通过引用《诗经》来进行上层外交活动有不少记载,如《左传·襄公四年》鲁国的大夫叔孙豹(又称穆叔)出使晋国回报知武子的聘礼。晋悼公设享礼招待他。乐器演奏《肆夏》三章,穆叔没有行答拜礼;乐师歌唱《文王》三曲,穆叔还是没有答拜;歌唱《鹿鸣》三曲,穆叔三次答拜。韩献子派外交官问他:"您奉君王命令,有辱光临敝邑。敝邑按先君之礼并用音乐来招待大夫。大夫舍弃隆重的而三次礼拜普通的,请问这是什么礼仪?"穆叔回答说:"《三夏》(古代乐曲《肆夏》《韶夏》《纳夏》的总称),是天子用来招待诸侯的,使臣不敢听到。《文王》,是两国国君相见的音乐，使臣不敢参预。《鹿鸣》，是君王您用来赞美我的君主的礼，岂敢不拜谢这种嘉奖？"从穆叔在晋国外交礼仪上的回应，我们可以看出诗书礼乐在外交中有重要地位，不同的社会等级，不同的场合，适用的礼乐不同，所用的《诗经》诗篇也不同。

子曰："其身正，不令而行；其身不正，虽令不从。"

【译文】

孔子说："在上位的人行为端正，即使不下达命令，下面的人也会自觉去做；在上位的人行为不端正，即使下达了命令，下面的人也不会服从。"

【评析】

这里讲领导者作出表率的重要性。

子适①卫，冉有仆②。子曰："庶③矣哉！"冉有曰："既庶矣，又何加焉？"曰："富之。"曰："既富矣，又何加焉？"曰："教之。"

【注释】

①适:前往。

②仆:驾车的人。此处用作动词,指驾车。古礼,幼卑者替尊长者驾车。

③庶(shù):众多。

【译文】

孔子去卫国,冉有驾车。孔子说:"人真多啊!"冉有说:"人多了,又该怎么办?"孔子说:"使他们富裕起来。"冉有说:"富裕了之后,又该怎么办?"孔子说:"使他们受教育。"

【评析】

这段对话体现了孔子先富后教的思想。春秋时期齐国政治家管仲说过"凡治国之道,必先富民","仓廪实而知礼节,衣食足而知荣辱"。荀子也说过"不富无以养民情,不教无以理民性"。这说明满足百姓的衣食住行应摆在首位,有了物质生活的保障,才能更好地满足精神层次的需要。

子曰:"苟有用我者,期月①而已可也,三年有成。"

【注释】

①期(jī)月:第二年的这个月,即一年。期,同"朞"。

【译文】

孔子说:"如果有人用我,一年就能初见成效,三年就很有成绩。"

【评析】

孔子有强烈的济时用世的想法,希望能有机会发挥自己的才干。他对自己的施政本领也颇为自信,事实也确实如此。孔子曾任中都邑的地方长官,只干了一年,因为政绩突出升为管工程的司空,不久又升任管司法的大司寇。《史记·孔子世家》记载:"定公以孔子为中都宰,一年,四方皆则之。由中都宰为司空,由司空为大司寇。"

叶公问政。子曰:"近者说,远者来。"

【译文】

叶公问如何治国理政。孔子说:"使境内的人高兴,境外的人来投奔。"

【评析】

孔子强调德治,以德服人。古代统治者用温和的政治手段笼络其他民族或国家归附自己,也即令"远者来"的怀柔政策。

子夏为莒父①宰,问政。子曰:"无欲速,无见小利。欲速,则不达;见小利,则大事不成。"

【注释】

①莒(jǔ)父:鲁国邑名。

【译文】

子夏做莒父的地方长官,向孔子请教如何处理政务。孔子说:"不要图快,不要贪小利。图快,反而达不到目的;贪小利,就做不成大事。"

【评析】

"欲速则不达"乃至理名言,不啻治国理政应当如此,工作生活中许多事情亦如此。着眼未来,不急功近利,不受眼前小利迷惑,才能做事稳妥,干成大事。

叶公语孔子曰:"吾党有直躬者①,其父攘②羊,而子证③之。"孔子曰:"吾党之直者异于是:父为子隐,子为父隐——直在其中矣。"

【注释】

①党:古代一种地方组织,五百户人家为一党。这里指亲族。直躬:坦白直率。

②攘(rǎng):偷窃。

③证:同"征",检举,揭发。

【译文】

叶公对孔子说:"我家乡有个直率的人,父亲偷羊,儿子告发了他。"孔子说:"我家乡直率的人与此不同:父为子隐瞒,子为父隐瞒,正直就在其中了。"

【评析】

这里涉及伦理与法之间的矛盾。在伦理与法两难抉择面前,孔子认为伦理大于法。杨伯峻认为:"孔子伦理哲学的基础就在于'孝'和'慈',因之说父子相隐,直在其中。"(《论语译注》)孔子不支持大义灭亲,因为他担心会因此撕裂亲情,导致比犯法更具破坏的后果。但从法治角度看,"父为子隐,子为父隐"肯定不对。李泽厚认为,"在现代社会,这当然违反法治,构成伪证罪,却又是人情,在现实中仍可看到。这涉及社会学、心理学很多问题"(《论语今读》),体现了公德与私德之间的冲突与矛盾。

樊迟问仁。子曰:"居处恭①,执事敬②,与人忠。虽之夷狄③,不可弃④也。"

【注释】

①居处:一人独居。恭,不放纵。
②执事:行事。敬:不懈怠。
③之:到。夷狄:古代对除华夏以外各少数民族的泛称。就当时而言,夷泛指东方少数民族,狄泛指北方少数民族。

④弃：抛弃。

【译文】

樊迟问仁。孔子说："独处时庄重谨慎，做起事来严肃认真，待人忠心耿耿。即使到了夷狄之地，也不可背弃做人的原则。"

【评析】

这是《论语》中樊迟第三次问仁。第一次问什么是仁（见《雍也篇》），第二次问施行仁的目标是什么（见《颜渊篇》）。这次问仁，由孔子的回答可以看出是如何从日常行为入手致力于仁的。即使到了礼义缺失的夷狄之邦，也要做到"居处恭，执事敬，与人忠"，一举一动都体现仁。

子贡问曰："何如斯可谓之士矣？"子曰："行己有耻，使于四方，不辱君命，可谓士矣。"曰："敢问其次？"曰："宗族称孝焉，乡党称弟焉。"曰："敢问其次？"曰："言必信，行必果①，硁硁②然小人哉！抑亦可以为次矣。"曰："今之从政者何如？"子曰："噫，斗筲③

之人，何足算也？"

【注释】

①果：果敢，有决断。

②硁硁（kēng）：击石声。这里指气量狭小而固执的样子。

③筲（shāo）：饭篮。斗、筲都是容量小的器具。斗筲之人，指气量和见识小的人。

【译文】

子贡问："怎样才能算个士呢？"孔子说："以自己的行为不端正为耻，出使外国不辜负君主的使命，可算得上士了。"子贡问："请问次一等的呢？"孔子说："宗族的人称赞他孝顺，乡里的人称赞他尊敬年长者。"子贡接着问："请问再次一等的呢？"孔子说："说话一定信实，行动一定果断，但固执得像石子那样，当然是见识狭小的普通人了！但也可以算再次一等的士了。"子贡又问："现在的当政者怎样？"孔子说："唉，这些格局小的人，算得了什么呢？"

【评析】

这里的士并不是指读书人，而是入仕的从政者。

子贡想让孔子评价当政者,先请孔子对士立一个标准。孔子将士分为三个层次,第一层次"行己有耻,使于四方,不辱君命",算得上合格的士;第二层次"宗族称孝,乡党称弟",能谨守孝悌之道,有品德但才具有所不足;第三层次是固执己见的人。这里说的"小人"是指那些眼界狭小且固执的人。孟子说:"大人者,言不必信;行不必果,惟义所在。"(《孟子·离娄章句下》)意思是通达的人说话不一定句句守信,做事不一定非有结果不可,只要合乎道义就行。至于当时的从政者,孔子用"斗筲之人"进行评价,认为这些人格局太小,不值一提。

子曰:"不得中行①而与之,必也狂狷②乎?狂者进取,狷者有所不为也。"

【注释】

①中行:即中道。指言行不过激,也不保守。

②狂狷(juàn):指自命不凡与拘谨自守的人。狂,志向高远却不一定能实践。狷,没有那么高的志向,但能洁身自好,不肯同流合污。朱熹称:"狂者,志极高而行不掩;狷者,知未及而守有余。"(《论语

集注》)

【译文】

孔子说:"我找不到合乎中庸的人交往了,只能与狂者或狷者交往。狂者激进,狷者洁身自好,不会干不义之事。"

【评析】

孔子认为中庸是最高的道德,但能依中庸之道而行的人少之又少,只能退而求其次,与狂狷之士为伍了。

子曰:"君子和而不同,小人同而不和。"

【译文】

孔子说:"君子能和谐相处而不要求一致,小人要求一致而不能和谐相处。"

【评析】

不同的人在一起,因为个性差异多少会有些矛盾,只有互相尊重和包容才能和谐相处。君子能尊重个体的差异性，互相谦让，所以能与他人和谐相处。而小人只认可与自己保持一致的人，所以很难与人和谐相处。

子贡问曰："乡人①皆好之，何如？"子曰："未可也。""乡人皆恶之，何如？"子曰："未可也。不如乡人之善者好之，其不善者恶之。"

【注释】

①乡人：同乡的人。

【译文】

子贡问："一乡的人都称赞他，这个人怎样？"孔子说："不能断定这个人就好。"子贡又问："一乡的人都讨厌他，这个人怎样？"孔子说："不能断定这个人就不好。不如一乡的好人喜欢，一乡的坏人讨厌的人。"

【评析】

孔子说过："众恶之，必察焉；众好之，必察焉。"（《卫灵公篇》）所以，一个人到底怎么样，要看是什么人喜欢或者讨厌,这也是识别人的方法。孔子爱憎分明("匿怨而友其人,左丘明耻之,丘亦耻之"《公冶长篇》),不和稀泥,不装好人("乡愿,德之贼也"《阳货篇》)。凡有大作为者,往往不怕得罪人,尤其是得罪坏人。

子曰:"君子易事而难说^①也。说之不以道,不说也;及其使人也,器^②之。小人难事而易说也。说之虽不以道,说也;及其使人也,求备^③焉。"

【注释】

①说:同"悦"。《学而篇》:"学而时习之,不亦说乎?"

②器:器皿,器具。《为政篇》:"君子不器。"这里作动词用,量才使用的意思。

③备:齐备。

【译文】

孔子说:"在君子手下做事容易,但讨他欢喜却难。不用正当的方式讨好,他不会高兴;等到他用人时,总能量才使用。在小人手下做事难,但讨他欢喜容易。用不正当方式讨好,他也会高兴;等到他用人时,总是求全责备。"

【评析】
君子有许多可贵的品格,如严于律己,宽以待人;君子成人之美,不成人之恶等等。小人则相反,因为心胸狭隘,嫉妒心强,生怕别人超过自己,所以在小人手下做事难,尤其比他们强的人。君子重于义,小人重于利,所以即使违背原则,用利益讨好小人也容易得到欢喜,但一旦利益无法满足,小人又会使出坏招。所以跟小人打交道既为难,又危险。

子曰:"君子泰^①而不骄,小人骄而不泰。"

【注释】
①泰:安泰,平和。

【译文】
孔子说:"君子平和而不骄狂,小人骄狂而不平和。"

【评析】

君子心胸坦荡,能以一颗平常心对待荣辱,所以不会欺凌别人。小人一旦得势则容易骄狂,总想耍一下威风表现自己。

子曰:"刚、毅、木、讷,近仁。"

【译文】

孔子说:"刚强、坚毅、朴实、说话谨慎,这四种品德接近于仁。"

【评析】

孔子认为,只有欲望少才能变得刚强,他曾经说申枨欲望太多,所以不能做到刚强。(《公冶长篇》:子曰:"枨也欲,焉得刚?")曾子说"士不可以不弘毅,任重而道远"(《泰伯篇》),有了坚韧不拔的毅力,才能不断接近仁。木是质朴的意思,讷指不多言,讲话谨慎小心。孔子认为"仁者其言也讱"(《颜渊篇》),因此刚毅木讷构成仁者的品格特征,这对古代士人的性格产生了深刻影响。

宪问篇第十四

宪①问耻。子曰:"邦有道,谷②;邦无道,谷,耻也。""克、伐、怨、欲不行焉③,可以为仁矣?"子曰:"可以为难矣,仁则吾不知也。"

【注释】

①宪:原宪,字思。孔子的学生。
②谷:粮食的总称。古代俸禄以粮食计算,故代称俸禄。
③克:能。这里指好胜。伐:自夸。怨:怨恨。欲:贪欲。不行:指遏制使之不表现出来。

【译文】

原宪问什么是耻辱。孔子说:"国家有道,可以当官食禄;国家无道,当官食禄就是耻辱。"原宪又问:"好胜、自夸、怨恨、贪婪都没有的人,可以算仁吗?"孔子说:"可以算难得了,算不算仁我就不知道了。"

【评析】

跟前面讲的"天下有道则见,无道则隐。邦有道,贫且贱焉,耻也;邦无道,富且贵焉,耻也"

(《泰伯篇》)道理差不多。能避免"克、伐、怨、欲"这四种毛病近乎忠恕,在追求仁的道路上有了进步,但这只是自我完善,还称不上仁。"己欲立而立人,己欲达而达人",这才是孔子所倡导的仁。

子曰:"士而怀居①,不足以为士矣。"

【注释】
①怀:留恋。居:住处。

【译文】
孔子说:"读书人如果留恋安逸的居家生活,就不配做读书人了。"

【评析】
读书人要有家国情怀,志向高远,不能只贪恋安逸的生活。

子曰:"邦有道,危①言危行;邦无道,危行言孙②。"

【注释】

①危:本义是高峻。这里引申为直。
②孙:同"逊",谦逊。

【译文】

孔子说:"政治清明时,言谈正直,行为正直;政治黑暗时,行为正直,言谈谦逊。"

【评析】

儒家推崇达则兼济天下,穷则独善其身。这也是君子处世之道。

子曰:"有德者必有言,有言者不必有德。仁者必有勇,勇者不必有仁。"

【译文】

孔子说:"有道德的人一定能说出有水平的话,能说出有水平的话的人不一定有道德。仁者一定勇敢,勇敢的人不一定仁。"

【评析】

李泽厚认为,这是"处乱世保身全生",与道家相同。儒家推崇达则兼济天下，穷则独善其身，体现了原则性与灵活性的统一，这也是君子处世之道。

南宫适①问于孔子曰："羿②善射，奡荡舟③，俱不得其死然。禹、稷④躬稼而有天下。"夫子不答。南宫适出，子曰："君子哉若人⑤！尚德哉若人！"

【注释】

①南宫适（kuò）：南容，字宫适。孔子学生。

②羿（yì）：传说夏代有穷国的君主，善于射箭。亦称"后羿""夷羿"。

③奡（ào）：传说夏代寒浞（zhuó）的儿子。荡舟：划着舟左右冲杀。

④禹（yǔ）：上古时期夏后氏首领、夏朝开国君王，以善于治水闻名于世，史称大禹。稷（jì）：相传是周民族的祖先。

⑤若人：这个人。

【译文】

南宫适问："羿善于射箭，奡善于水战，都不得好死。禹、稷都亲自种庄稼，却取得了天下。"孔子不回答。南宫适出去后，孔子说："此人是个君子啊！这个人多么崇尚道德啊！"

【评析】

以仁治天下，天下归心。南宫适抓住了仁政的核心问题，即王者率先垂范，体恤民众，故受到孔子的高度赞赏。

子曰："晋文公谲①而不正，齐桓公②正而不谲。"

【注释】

①晋文公：晋国君主，名重耳。春秋五霸之一。谲（jué）：狡诈，诡诈。

②齐桓公：齐国君主，名小白。春秋五霸之一。

【译文】

孔子说："晋文公诡诈而不正派，齐桓公正派而不诡诈。"

【评析】

齐桓公、晋文公是春秋时五霸中声名最著的两位霸主，孔子欣赏齐桓公，但对晋文公没有好评价，原因或许是晋文公称霸后召见周天子，这对孔子来说是不可接受的，所以他说晋文公诡诈。

子路曰："桓公杀公子纠，召忽死之，管仲不死①。"曰："未仁乎？"子曰："桓公九合诸侯②，不以兵车，管仲之力也。如③其仁，如其仁。"

【注释】

①管仲不死：齐桓公和公子纠是齐襄公的弟弟，齐襄公无道，两人怕受连累，桓公在鲍叔牙辅佐下逃往莒国，公子纠在管仲和召忽辅佐下逃往鲁国。襄公被杀后，桓公先入齐国，立为君，又兴兵伐鲁，逼迫鲁国杀了公子纠，召忽自杀以殉，管仲却做了桓公的宰相。

②九合诸侯：多次纠合诸侯。齐桓公纠合诸侯共11次，"九"乃言其多，并非实指。合，纠合，会盟。

③如：乃。

【译文】

子路说:"齐桓公杀公子纠时,召忽殉死,管仲却不去死。管仲不算仁人吧?"孔子说:"齐桓公九合诸侯,不用武力,都是管仲的功劳。这就是仁,这就是仁。"

【评析】

孔子认为,不靠发动战争而会盟诸侯,在乱世中安定天下,这是比殉死更有价值的仁。子路的质疑代表了当时部分人的看法,孔子则以更大的视角看待管仲的功绩,并给予高度评价。

子贡曰:"管仲非仁者与?桓公杀公子纠,不能死,又相①之。"子曰:"管仲相桓公,霸诸侯,一匡天下,民到于今受其赐。微②管仲,吾其被发左衽③矣。岂若匹夫匹妇之为谅④也,自经于沟渎⑤而莫之知也?"

【注释】

①相:以……为相。
②微:假若没有的意思。

③被发左衽(rèn)：头发披散着，衣襟开在左边。古代指东方和北方少数民族的装束。被，同"披"。衽，衣襟。指上衣前交领部分。

④匹夫匹妇：意思为平民男女。泛指平民。谅：诚实，信实。

⑤自经：自缢，上吊。沟渎(dú)：沟壑。

【译文】

子贡说："管仲不是仁人吧？齐桓公杀公子纠时，管仲不能为公子纠殉死，反做了齐桓公的宰相。"孔子说："管仲做齐桓公的宰相，称霸诸侯，使天下一切得到匡正，民众直到今天还都享受到他的恩惠。没有管仲，恐怕我们还会像蛮族那样披散着头发，衣襟向左边开。他难道要像普通人那样拘泥于小节小信，在山沟里上吊而不为人知吗？"

【评析】

孔子向子贡解释管仲不去殉死而担任齐相并没有错，认为得到民众的爱戴比得到个人的节烈英名更加重要。

子曰:"其言之不怍①,则为之也难。"

【注释】
①怍(zuò):惭愧。

【译文】
孔子说:"说话大言不惭,做起来就难了。"

【评析】
夸夸其谈的人,往往不靠谱。

子路问事君,子曰:"勿欺也,而犯①之。"

【注释】
①犯:冒犯,指犯颜直谏。

【译文】
子路问怎样侍奉国君,孔子说:"不要欺骗,可以犯颜直谏。"

【评析】
孔子崇尚忠贞的品格。

子曰:"古之学者为己,今之学者为人。"

【译文】

孔子说:"古时学者学习是为了自己,现在的学者学习是为了他人。"

【评析】

对于"为人"和"为己",钱穆在《论语新论》里解释说:"子曰:'己欲立而立人,己欲达而达人。'己立己达是为己,立人达人是为人。孔门不薄为人之学,惟必以为己之学树其本,未有不能为己而能为人者。"他认为孔子并非不主张学习是为了他人,而是要将为己作为根本,把自己做好了才能更好地帮助别人。但这句话历来还有另外一种解释,最早的是荀子在《劝学》中引用这句话后,接着说:"君子之学也,以美其身;小人之学也,以为禽犊。"他认为"古之学者"是君子之学,致力于自身修养,而"今之学者"只做表面功夫,目的是取悦于人。古人见面时常用家禽或小牛作为礼物,有些人把学问当成可以炫耀的禽犊了。杨伯峻《论语译注》也是这种解释。这两种解释都通,但我倾向于前一种解释,一是孔子认为学习的最终目的是经世致用,也即"为人"："诵《诗》三百，授之以政，不达；使于四方，不能专对。虽多，亦奚以为？"（《子路篇》）二是孔子所处时代的"今之学者"跟西周时期的"古之学者"环境已经发生改变。西周的教育是宗法制度下的贵族教育，旨在培养个人的气质与修养。孔子所处的春秋时期，教育逐渐下移到了平民阶层，孔子希望通过兴办私学，培养治国理政的人才，以改变礼崩乐坏、道德失范的现实，是为人而不是为己。

或①曰："以德报怨，何如？"子曰："何以报德？以直报怨，以德报德。"

【注释】

①或：有人。

【译文】

有人问："以恩德报答怨恨，怎样？"孔子说："这样怎么报答恩德呢？应该以正直报答怨恨，以恩德报答恩德。"

【评析】

经常有人将以德报怨当作一种美德，但孔子不这么认为。孔子爱憎分明,强调做事要有原则,不能和稀泥。可参见前面讲的"匿怨而友其人,左丘明耻之,丘亦耻之"(《公冶长篇》)。

子路宿于石门①。晨门②曰:"奚自③?"子路曰:"自孔氏。"曰:"是知其不可而为之者与?"

【注释】
①石门:鲁国都城的外门。
②晨门:早晨看守城门的人。
③奚自:自何方来。

【译文】
子路在石门过夜。看门的人问:"你从哪里来?"子路答:"从孔子那里来。"又问:"是那个明知做不到却还要去做的人吗?"

【评析】
"知其不可而为之",是因为肩负着神圣使命,不能轻易放弃。这也是一句激励后世的名言。

子路问君子[1]。子曰:"修己以敬。"曰:"如斯而已乎?"曰:"修己以安人。"曰:"如斯而已乎?"曰:"修己以安百姓。修己以安百姓,尧舜其犹病诸[2]。"

【注释】

[1]君子:这里指在上位者。

[2]病:苦于达不到目标,为某事而头痛。诸:"之乎"的合音。

【译文】

子路问怎样才算个君子。孔子说:"提高自己的修养,对人恭敬谦逊。"子路问:"这样就行了吗?"孔子说:"提高自己的修养,使别人安乐。"子路又问:"这样就行了吗?"孔子说:"提高自己的修养,使百姓安乐。这一点,尧舜都难做到。"

【评析】

这里的君子指有地位的统治者。孔子指出一个好的统治者,不只是提高自身修养,还要让老百姓过上安乐的日子。这个连尧舜都难以做到。孔子说的是大实话,让老百姓过上安乐的日子何其之难,即使过去了两千多年,大多数国家也未能做到。

卫灵公篇第十五

卫灵公问陈①于孔子。孔子对曰:"俎豆②之事,则尝闻之矣;军旅之事,未之学也。"明日遂行。

【注释】

①卫灵公:姬姓,名元,春秋时卫国国君。陈:同"阵"。

②俎(zǔ)豆:俎和豆都是古代的祭祀器皿,举行祭祀礼仪时使用。这里用来表示礼仪。

【译文】

卫灵公向孔子询问排兵布阵之法。孔子说:"礼仪方面的事,我曾听到过一些;用兵打仗的事,我没学过。"孔子第二天就离开了卫国。

【评析】

孔子的弟子冉有曾为季氏带兵打仗,取得胜利。当季氏问冉有军旅知识从哪里来时,他说"学之于孔子"。可见孔子并非不会打仗,但他反对战争,主张以德治国,卫灵公询问军旅之事,故失望离开。孔子说:"子之所慎:斋、战、疾。"(《述而篇》)也就是说,孔子慎重对待斋戒、战事、疾病。尽管他也说如果不对百姓进行训练,就让他们上战场参加战斗,无异于抛弃他们。(《子路篇》:"以不教民战,是谓弃之。")但孔子寄望卫灵公接纳他的仁政主张,以仁得天下,而不是诉诸武力。

在陈绝粮,从者①病,莫能兴②。子路愠③见曰:"君子亦有穷④乎?"子曰:"君子固⑤穷,小人穷斯滥⑥矣。"

【注释】

①从者:跟随的人。指跟随孔子的弟子。

②兴:起。因为缺乏食物,饿得起不来。

③愠(yùn):恼怒。

④穷:困窘(jiǒng)。指生活穷困,也指穷于道,找不到出路。与"达"相反。

⑤固:固守。

⑥滥:泛滥。这里指没有节制,胡作非为。

【译文】

孔子在陈国断粮时,跟随的学生都饿得起不来了。子路恼怒地对孔子说:"君子也有这么困窘的时候吗？"孔子说："君子能固守穷困，小人一旦穷困就会乱来了。"

【评析】

从这里可以看出子路性格直爽，在老师面前也毫不客气，直抒己见。而孔子以君子小人之别来教育弟子如何看待困窘，鼓励大家从逆境中走出来。他告诫弟子：博学且颇具谋略却没有遇到时机的人何止我孔丘一人？芝兰生长在幽深林间，不会因为没有人欣赏就不散发芳香；君子追求道义和美德，不会因为穷困而改变节操。（《孔子家语·在厄》："君子博学深谋而不遇时者，众矣，何独丘哉？且芝兰生于深林，不以无人而不芳；君子修道立德，不为穷困而改节。"）

子曰："赐也，女以予为多学而识①之者与？"对曰："然，非与？"曰："非也，予一以贯之②。"

【注释】

①识：记。
②一以贯之：用一种看法、观念等贯彻始终。

【译文】

孔子说:"子贡啊,你以为我是多学多记的人吗?"子贡答道:"是呀,难道不是吗?"孔子说:"不是,我是有一个基本观点贯串它。"

【评析】

子贡十分佩服孔子博学多才,认为他因为"多学而识之",孔子则认为知识不过是材料的堆积,需要用一个指导思想或者基本观点把这些知识串起来。

子曰:"无为而治①者其舜也与?夫何为哉?恭己正南面而已矣②。"

【注释】

①无为而治:指舜继尧之后,由于任人得当,许多事不用亲力亲为而天下得到大治。

②恭己正南面而已矣:由于舜无为而治,人们看到他好像只是端坐在帝王的位子上罢了。南面,古代以坐北朝南为尊位,故天子、诸侯见群臣,或卿大夫见僚属,皆面南而坐。帝位面朝南,故代称帝位。

【译文】

孔子说:"不用劳神费力就能治理好天下的只有舜吧?他做了些什么呢?只不过是庄严地端坐在那个位子上罢了。"

【评析】

无为而治是道家的思想核心,孔子也受此影响,他这里讲的无为而治,就是垂拱而治,指统治者垂衣拱手,不用做什么就能使天下太平。多用作称颂帝王无为而治。史称舜举贤在位,任官得人,既有治水的禹,也有掌刑狱的皋陶,所以不下席而天下治。

子张问行。子曰:"言忠信,行笃①敬,虽蛮貊②之邦,行矣。言不忠信,行不笃敬,虽州里③,行乎哉?立则见其参④于前也,在舆则见其倚于衡⑤也,夫然后行。"子张书诸绅⑥。

【注释】

①笃(dǔ):忠实。

②蛮貊(mò):古代称南方和北方落后部族。亦泛指四方落后部族。蛮,古称南蛮,古代对南方少数民族

的蔑称。貊,古代对北方少数民族的蔑称。

③州里:古代二千五百家为州,二十五家为里。本为行政建制,后泛指乡里或本土。

④参:直向,对着。

⑤舆:车。倚:靠着。衡:车辕前端的横木,驾马时用。

⑥书:写。诸:之于的合音。绅:系在腰间下垂的大带子。

【译文】

子张问怎样才能行得通。孔子说:"说话要忠信,行为要诚实,即使到了落后的少数民族地区,也能畅行无阻。说话不忠信,行为不诚实,即使在本乡本土,能行得通吗?站着的时候,忠信诚实这几个字好像就矗立眼前,在车上,这几个字好像就刻在车前的横木上。这样到哪都能畅通无阻。"子张将这话写在腰带上。

【评析】

"言忠信,行笃敬",这就是人生畅通无阻的通行证。

子曰:"直哉史鱼①!邦有道,如矢②;邦无道,如矢。君子哉蘧伯玉③!邦有道,则仕;邦无道,则可卷而怀之④。"

【注释】

①史鱼:史䲡(qiū),字子鱼。卫国大夫。他多次向卫灵公推荐蘧伯玉。临死嘱家人不要治丧正堂,而是将尸体放置在窗下,以劝谏卫灵公进贤(蘧伯玉)去佞(弥子瑕)。史称"尸谏"。

②矢(shǐ):箭。

③蘧(qú)伯玉:姓蘧,名瑗(yuàn),字伯玉,卫国人。春秋时期卫国大臣,主张以德治国,以贤明著称。

④卷而怀之:收藏起来的意思。卷,收。怀,藏。

【译文】

孔子说:"正直啊史鱼!国家政治清明时,他像箭一样直;国家政治黑暗时,他也像箭一样直。蘧伯玉真是个君子!国家政治清明时,他就出来做官;国家政治黑暗时,他就隐居起来。"

【评析】

孔子在赞扬史鱼之直后,又赞扬了卫国的贤大夫蘧伯玉。孔子赞成做人一定要正直，但在现实生活中，正直的人往往受到排挤、打压。所以孔子也指出坚守正直品质的前提下，也要讲究策略。他说过："邦有道，危言危行；邦无道，危行言孙。"（《宪问篇》）据史书记载，史鱼用尸谏卫灵公，最终使其醒悟。他临终时嘱咐儿子："我不能够进荐贤德的蘧伯玉而劝退弥子瑕，是我身为臣子却没有能够扶正君王的过失啊！我死后，你将我的尸体放在窗下，这样就算对我完成丧礼了。"卫灵公前来吊丧时，见到史鱼的尸体竟然被放置在窗下，如此轻慢不敬，因而责问史鱼的儿子。史鱼的儿子于是将史鱼遗嘱告诉了卫灵公。卫灵公听后很震惊，说："这是我的过失啊！"于是马上让史鱼的儿子将尸体按礼仪安放妥当，回去后，便重用蘧伯玉，辞退了弥子瑕并疏远他。孔子听到此事后，赞叹说："古来有许多敢于直言相谏的人，但到死便也结束了，没有像史鱼这样的，死了以后，还用自己的尸体来劝谏君王，以自己一片至诚的忠心使君王受到感化，难道不是秉直的人吗？"

子曰:"可与言而不与之言,失人;不可与言而与之言,失言。知者不失人,亦不失言。"

【译文】

孔子说:"可以同他谈却不同他谈,这是错过人才;不可以同他谈却同他谈,这是浪费口舌。聪明人既不错过人才,也不浪费口舌。"

【评析】

如何说话颇有学问,《论语》里有不少关于说话的艺术,这些都是生活中的智慧。

子曰:"志士仁人,无求生以害仁,有杀身以成仁。"

【译文】

孔子说:"志士仁人,不因求生而损害仁,只勇于牺牲来成全仁。"

【评析】

孔子高度赞扬"无求生以害仁,有杀身以成仁"的这种超道德的境界。古往今来,杀身成仁、舍生取义的志士仁人史不绝书，就是因为他们有这种超道德的境界。他们的浩然正气与天地相接，遇到危难时刻，他们宁愿牺牲自己的生命也要成就仁义，使精神不朽。

子贡问为仁。子曰："工欲善其事，必先利其器。居是邦也，事其大夫之贤者，友其士之仁者。"

【译文】

子贡问怎样实现仁。孔子说："工匠要做好工，必先磨好工具。住在一个国家，就要侍奉卿大夫中的贤人，结交那些士人中的仁者。"

【评析】

工匠做工要利用好的工具，君子行仁要依靠贤能之士，否则难以成事。

子曰："人无远虑，必有近忧。"

【译文】

孔子说:"人没有长远的考虑,必定有近在眼前的烦忧。"

【评析】

《礼记·中庸》:"凡事豫(预)则立,不豫(预)则废。"意思是说做任何事情,事前有准备就会成功,没有准备就会失败。所以要有长远考虑,防患于未然。

子曰:"躬自厚①而薄责于人,则远怨矣。"

【注释】

①躬自厚:杨伯峻认为"当作'躬自厚责','责'字探下文'薄责'之'责'而省略"。躬自,亲自;自己。躬,本意指身体,多指自身。另有亲自、弯下身子的意思。

【译文】

孔子说:"多责备自己,少责备别人,就可以避免怨恨。"

【评析】

孔子经常强调严于律己,宽以待人。一个人要多从自身找原因,若总是责怪别人,内心就会怨恨别人,别人也会怨恨自己,相互怨恨之下,就很难共事,更谈不上和谐相处。

子曰:"不曰'如之何,如之何'者,吾末①如之何也已矣。"

【注释】

①末:没有。

【译文】

孔子说:"不说'怎么办,怎么办'的人,我真不知道该怎么办了。"

【评析】

临事而惧,谋事而成。做事一定要考虑周全,要找到解决问题的关键所在。那些喜欢拍着胸脯说"没问题,没问题"的人,反倒容易出问题。

子曰:"群居终日,言不及义,好行小慧,难矣哉!"

【译文】

孔子说:"整天跟一些人厮混在一起,不谈正经事情,喜欢耍小聪明,这样的人难有什么作为!"

【评析】

互相切磋有益,若只是扯些没有意义的事,不过浪费时间罢了。过去总有一些人喜欢扎堆闲聊,现在有了发达的网络社交工具,更是整天在上面不着边际地东拉西扯,真正有出息的人,哪有这等闲工夫?

子曰:"君子义以为质①,礼以行之,孙以出②之,信以成之。君子哉!"

【注释】

①质:实质;本质。
②孙:同"逊"。出:出言。

【译文】

孔子说:"君子将义作为行事的实质,依礼节实行它,用谦逊的话说出它,用诚实的态度完成它。真的是君子啊!"

【评析】
孔子认为这些都是君子应有的表现。

子曰:"君子求诸己,小人求诸人。"

【译文】
孔子说:"君子要求自己,小人要求别人。"

【评析】
这里仍然强调要严于律己。"求"也可以作"依靠"解,君子依靠自己的努力,小人依靠别人的帮助。但求人不如求己。

子曰:"君子矜①而不争,群而不党②。"

【注释】
①矜(jīn):庄重。
②党:因利害关系而结合在一起的集团。

【译文】

孔子说:"君子端庄不争权夺利,合群又不结党营私。"

【评析】

搞小集团、小圈子的人,一定是为了谋求个人私利,故君子不结党营私。

子曰:"君子不以言举人,不以人废言。"

【译文】

孔子说:"君子不会因为某人说得好听而举荐他,不会因为对某人印象不好而否定他讲的话。"

【评析】

这是实事求是的态度。俗话讲"对事不对人",道理亦如此。

子贡问曰:"有一言而可以终身行之乎?"子曰:"其恕乎!己所不欲,勿施于人。"

【译文】

子贡问:"有没有一个字可以终身奉行的?"孔子说:"那就是恕吧!自己不愿意的,不要强加于人。"

【评析】

恕就是对人宽容,推己及人,换位思考问题。

子曰:"巧言乱德。小不忍,则乱大谋。"

【译文】

孔子说:"花言巧语淆乱道德,小事不忍耐就会破坏大计划。"

【评析】

"小不忍则乱大谋"乃至理名言。朱熹《论语集注》:"巧言变乱是非,听之使人丧其所守。小不忍,如妇人之仁、匹夫之勇皆是。"

子曰:"众恶之,必察焉;众好之,必察焉。"

【译文】

孔子说:"众人厌恶的,必须仔细观察;众人喜欢的,必须仔细观察。"

【评析】

知人识人,要有自己的主见,不要为他人的意见所左右。参见《子路篇》:"子贡问曰:'乡人皆好之,何如?'子曰:'未可也。''乡人皆恶之,何如?'子曰:'未可也。不如乡人之善者好之,其不善者恶之。'"

子曰:"人能弘①道,非道弘人。"

【注释】

①弘:大。引申为动词,使……大,光大,弘扬。

【译文】

孔子说:"人能弘扬道,不是道弘扬人。"

【评析】

"道"靠人去光大,而人不可依外物即使是"道"来光大自己。不论是为人之道,还是治国之道,都不能使人光大起来,而人却能使道发扬光大。这说明推行"道"的关键因素还是在于人。

子曰:"过而不改,是谓过矣。"

【译文】
孔子说:"有错误而不改正,这就真的是错误了。"

【评析】
主动承认并改正错误,不仅不会损害自己的形象,反而会使形象更高大。《韩诗外传》卷三引孔子的话说:"过而改之,是不过也。"所以不要害怕改正自己的错误。(《学而篇》:"过则不惮改。")若文过饰非,知错不改,那错误就没办法纠正了。孔子曾经感叹:"我真幸运啊,一旦有错,别人就给我指出来。"(《述而篇》:"丘也幸,苟有过,人必知之。")

子曰:"君子谋道不谋食。耕也,馁①在其中矣;学也,禄在其中矣。君子忧道不忧贫。"

【注释】

①馁(něi):饥饿。

【译文】

孔子说:"君子谋求道而不谋求食。耕田,有时还会挨饿;学道,俸禄就在其中。君子只担心没谋求到道,不担心贫穷。"

【评析】

这就是樊迟问稼惹得孔子不高兴的原因。孔子认为学道可以成为社会管理者,不用担心吃饭穿衣问题。这跟孟子提出的"劳心者治人,劳力者治于人"的观点相一致,反映了劳心与劳力社会分工存在的合理性,也是当时社会现实的反映。但后世一些人因此过于看重读书的功用目的,认为"书中自有黄金屋,书中自有颜如玉,书中自有千钟粟",这就将君子谋道不谋食功利化、庸俗化了。

子曰:"君子不可小知,而可大受也;小人不可大受,而可小知也。"

【译文】
孔子说:"君子没有小聪明,但可承担大任务;小人不可承担大任务,但可以有小聪明。"

【评析】
这里的君子、小人是从社会分工角度来谈的。君子能干大事,正如"君子不器"(《为政篇》),小人则适合做具体的琐碎事务。孔子传授的是君子之学,希望学生将来能做大事。但无论大事或小事,各有其用途。

子曰:"当仁,不让于师。"

【译文】
孔子说:"面对仁道,在老师面前也不要谦让。"

【评析】
这里强调实践仁道的紧迫性和正当性。孔子说过:"假如立志于实行仁道,不会有坏结果。"(《里仁篇》："子曰：'苟志于仁矣，无恶也。'"）

子曰："君子贞而不谅①。"

【注释】

①贞：本义为占卜。古汉语中通常解释为正，引申为正当、坚贞等义，多指品行操守。谅：本义是诚实，引申为固执。

【译文】

孔子说："君子坚守正道而不固执。"

【评析】

君子行事当坚守正道，但也知道如何变通，不拘泥于小节。原则性与灵活性相结合，这是君子处世的最高境界。

子曰："事君，敬其事而后其食①。"

【注释】

①食:食俸禄。

【译文】

孔子说:"侍奉君主,当尽职尽责以敬其事,再领俸禄。"

【评析】

食人之禄,忠人之事,这是做人的本分。

子曰:"有①教无类。"

【注释】

①有:句首助词,无义。

【译文】

孔子说:"教学生不要分类别。"

【评析】

"有教无类"是孔子最有价值的教育理念。它是指不论贵贱亲疏,也不论资质的高低,都享受同等受教育权利。孔子说:"自行束脩以上,吾未尝无诲焉。"(《述而篇》)孔子创办私塾,将原来只有贵族才能享受到的教育,让平民也能享受,具有跨时代的意义。

子曰:"道不同,不相为谋。"

【译文】

孔子说:"所走的路不同,也就没必要一起谋划。"

【评析】

这里的"道",并非"朝闻道,夕死可矣"的"道",而是指各自走的路,或者不同的价值观、志向。因为道不同,谈不到一块,所以没必要在一起谋划,大家分道扬镳就是了。

子曰:"辞达①而已矣。"

【注释】

①辞:言辞。达:通达,畅达。

【译文】

孔子说:"言辞表达畅达就行了。"

【评析】

言辞是为了表达观点和见解,因此把意思表达清楚便好,不能因为追求华美而伤害辞意。

季氏篇第十六

孔子曰:"天下有道,则礼乐征伐自天子出;天下无道,则礼乐征伐自诸侯出。自诸侯出,盖十世希①不失矣;自大夫出,五世希不失矣;陪臣②执国命,三世希不失矣。天下有道,则政不在大夫。天下有道,则庶人③不议。"

【注释】
①希:同"稀"。
②陪臣:家臣。大夫臣属的家臣于诸侯为陪臣。
③庶人:泛指无官爵的平民百姓。

【译文】
孔子说:"天下太平时,制定礼乐,决定战争,由天子做主。天下混乱时,制定礼乐,决定战争,由诸侯做主。由诸侯发号施令,传至十代少有不失国的;由大夫发号施令,传至五代很少有不垮台的;陪臣专权,传至三代很少有不失掉权势的。天下太平,国家的政权不会落在大夫手上;天下太平,百姓对朝政不会非议。"

【评析】

孔子认为,以天子为天下共主的宗法制度和大一统的局面,能保持天下稳定。他反对僭越等级,诸侯、大夫和陪臣窃位只会使天下大乱。

孔子曰:"益者三友,损者三友。友直,友谅①,友多闻,益矣。友便辟②,友善柔③,友便佞④,损矣。"

【注释】

①谅:诚实。
②便辟(pián pì):指谄媚逢迎之人。便,熟习,巧于,又指善辩。辟,同"僻",邪僻。
③善柔:善于谄媚奉承。
④便佞(pián nìng):指能言善辩,但心术不正的人。佞,善辩。

【译文】

孔子说:"有益的朋友有三种,有害的朋友有三种。与正直的人交朋友,与诚实的人交朋友,与见多识广的人交朋友,有益处。与谄媚逢迎之人交朋友,与口是心非的人交朋友,与花言巧语的人交朋友,有害处。"

【评析】

交友不可不慎。哪些可交,哪些不可交,这些都是经验之谈。

孔子曰:"益者三乐,损者三乐。乐节礼乐①,乐道人之善,乐多贤友,益矣。乐骄乐②,乐佚游③,乐宴乐④,损矣。"

【注释】

①乐节礼乐:以得到礼乐的节制为快乐。这句前后两个"乐"字,前一个是快乐的乐,读(lè),后一个是礼乐的乐,读(yuè)。

②骄乐:恣肆放纵,不知节制。

③佚(yì)游:游手好闲,无所事事。佚,同"逸"。

④宴乐:沉溺于饮宴、女色。

【译文】

孔子说:"有益的快乐有三种,有害的快乐有三种。以礼乐节制自己为乐,以称道别人的优点为乐,以多交贤友为乐,是有益处的。以恣肆放纵为快乐,以游手好闲为快乐,以沉溺酒色为快乐,是有害处的。"

【评析】

追求快乐是人的本性,但追求怎样的快乐,同一个人的层次和修养有关。感官刺激带来的快乐也是快乐,并且是最直接的快乐,但需要节制,过度就会有害。以多交贤友、道人之善为乐,则体现一个人的良好修养。关于"乐道人之善",有一则故事,讲唐代曾任户部郎中等职的杨敬之器重项斯,作《赠项斯》诗:"几度见诗诗总好,及观标格过于诗。平生不解藏人善,到处逢人说项斯。"以此诗奖掖后辈而名传至今。后世谓为人说好话、替人讲情为"说项"。

孔子曰:"侍于君子有三愆①:言未及之而言谓之躁,言及之而不言谓之隐,未见颜色而言谓之瞽②。"

【注释】

①君子:这里指有德有位者。愆(qiān):过失,过错。

②瞽(gǔ):瞎。

【译文】

孔子说:"陪君子说话容易犯三种错误:没到说的时候抢着说叫作急躁,该说的时候不说叫作隐瞒,不看对方的脸色说叫作眼瞎。"

【评析】

说话是一门艺术,要讲究技巧。

孔子曰:"君子有三戒:少之时,血气未定,戒之在色;及其壮也,血气方刚,戒之在斗;及其老也,血气既衰,戒之在得。"

【译文】

孔子说:"君子有三件事要警戒:年轻时,血气还不成熟,要戒女色;年壮时,血气正旺盛,要戒争斗;年老时,血气已衰退,要戒贪婪。"

【评析】

古人认为血气是生命的根本所在,血气从养成到衰落是自然的生命过程。血气不仅决定人的生理,也制约人的心理,因此针对不同的生理和心理阶段,对外在事物要有所克制,以养护血气,遵循生命的自然规律。

孔子曰:"君子有三畏:畏天命,畏大人①,畏圣人之言。小人不知天命而不畏也,狎②大人,侮③圣人之言。"

【注释】
①大人:古时指在高位的人。
②狎(xiá):亲昵而不庄重。
③侮:轻慢。

【译文】
孔子说:"君子有三件事要敬畏:敬畏天命,敬畏有高位的人,敬畏圣人的话。小人不懂天命,因而也就不敬畏它,不尊重大人物,轻侮圣人的言论。"

【评析】
人应当怀有敬畏之心,若无敬畏之心,就会胆大妄为。应对哪些抱敬畏之心呢?孔子认为一曰天命,二曰大人,三曰圣人之言。

孔子曰:"生而知之者上也,学而知之者次也;困而学之,又其次也;困而不学,民斯为下矣。"

【译文】

孔子说:"生来就知道的是上等,学习后才知道的次一等;遇到困难才学习的,再次一等;遇到困难也不学习的,这就是最下等的了。"

【评析】

"生而知之者",可以理解为那些天赋异禀、一点就通的人,这类人少之又少。孔子自己就说过"我非生而知之者,好古,敏以求之者也"(《述而篇》)。本章的意思是除了生而知之者外,获取知识的途径主要靠学习,主动学习胜过被动学习,最差的就是遇到困难也不学习。

孔子曰:"君子有九思:视思明①,听思聪②,色思温,貌思恭,言思忠,事思敬,疑思问,忿思难③,见得思义。"

【注释】

①明:看得清为明。

②聪:听得清为聪。

③难(nàn):灾难。

【译文】

孔子说:"君子有九种思虑:看要考虑是否看清楚了,听要考虑是否听清楚了,脸色要考虑是否温和,表情要考虑是否谦恭,言谈时要考虑是否忠诚,工作时要考虑是否敬业,有疑问时要考虑如何请教,发怒时要考虑有什么后患,见到好处时要考虑是否合乎道义。"

【评析】

君子一向严于律己,经常以"九思"作为处世的原则。

陈亢问于伯鱼①曰:"子亦有异闻②乎?"对曰:"未也。尝独立③,鲤趋④而过庭。曰:'学诗乎?'对曰:'未也。''不学诗,无以言。'鲤退而学诗。他日,又独立,鲤趋而过庭。曰:'学礼乎？'对曰：'未也。''不学礼，无以立。'鲤退而学礼，闻斯二者。"陈亢退而喜曰："问一得三：闻诗，闻礼，又闻君子之远其子⑤也。"

【注释】

①伯鱼：孔子的儿子。

②异闻：跟其他人听到的有所不同。指陈亢怀疑孔子私底下教自己的儿子不同的内容。

③独立：指一个人待在某个地方。

④趋：小步快走。

⑤远其子：对儿子不特别地亲近。"远"指有距离，并非疏远的意思。钱穆《论语新解》："孔子教伯鱼，无异于教他人，故陈亢以为远其子。远谓无私厚，非疏义。"

【译文】

陈亢问伯鱼："你从老师那里得到了密传吗？"伯鱼答："没有。有一次，他一个人站在庭中，我快步走过。他问：'学诗了吗？'我说：'没有。''不学诗，就不知道如何讲话。'我回去学诗。又一次，他又一个人站在那，我快步走过。他问：'学礼了吗？'我说：'没有。''不学礼，就无法立足于社会。'我回去学礼，就听过这两次。"

陈亢回去高兴地说:"问一件事,知道了三件事:知道诗的作用,礼的作用,又知道了君子并不偏爱自己的儿子。"

【评析】

孔子教育学生没有保留,也没有对自己的儿子开小灶。他培养学生始于学诗,立于学礼,这是一以贯之的教学理念。"君子之远其子"则是陈亢了解实情后发出的由衷的感叹。

阳货篇第十七

阳货①欲见孔子，孔子不见，归孔子豚②。孔子时其亡③也，而往拜之。遇诸途。谓孔子曰："来，予与尔言。"曰："怀其宝而迷其邦，可谓仁乎？"曰："不可。""好从事而亟④失时，可谓知乎？"曰："不可。""日月逝矣，岁不我与⑤。"孔子曰："诺⑥，吾将仕矣。"

【注释】

①阳货：又叫阳虎。季氏家臣。季氏几代掌握鲁国朝政，阳货这时正把持季氏的家政。后来他与公山弗扰共谋杀害季桓子，失败后逃往晋国。

②归：同"馈"。赠送。豚（tún）：小猪。这里指蒸熟的小猪。古礼规定，凡大夫赠礼物给士，士如果不是在家当面接受，就必须亲往大夫家拜谢。阳货掌握着季氏的家政，想请孔子出来做他的助手，孔子不愿意，阳货就利用当时的礼俗，趁孔子不在家时，送一只蒸熟的小猪给他。孔子不愿见阳货，又不好违礼，也趁阳货不在家时登门拜谢。

③时：趁。亡：出，不在家。

④亟（qì）：屡次。

⑤与：跟随。

⑥诺：答应声。表示同意。

【译文】

阳货想见孔子，孔子不见，他便送给孔子一只熟乳猪。孔子趁他不在家时，前往拜谢。两个人在半路上碰到了。阳货对孔子说："来，我有话跟你讲。"接着说："自己身怀本领却任凭国家迷乱，能叫作仁吗？"孔子说："不能。""向往着替国家做事却屡次错过机遇，能叫作明智吗？""不能。""时光一天天流逝，岁月不等人啊。"孔子说："好吧，我打算做官了。"

【评析】

这是一个颇具戏剧性的场面，可以从中看出孔子的性格和处事态度。当时季氏把持了鲁国的大权，而阳货又把持了季氏的家政，为了得到民众支持，阳货拉拢孔子出来做官。孔子不是不想做官，但不愿到"陪臣执政"的阳货手下做官。阳货于是趁孔子不在家时送礼，孔子也趁阳货不在家时回礼，这样既符合礼，也避开了与阳货见面。但不巧两个人在路上碰到了。面对阳货的发问，孔子虽然表面顺从但内心不屈，最后答应"吾将仕矣"只是一种策略性的应对，实际上直到阳货逃往晋国前,孔子未曾与其合作过。由这段对话可以看出孔子既讲原则,又能随机应变。

子曰:"性相近也,习相远也。"

【译文】
孔子说:"人的本性是相近的,只是因为受不同习气的影响差别大了。"

【评析】
人和人之间的差别,主要因为受的教育和周围环境的不同。

子张问仁于孔子。孔子曰:"能行五者于天下为仁矣。""请问之?"曰:"恭、宽、信、敏、惠,恭则不侮,宽则得众,信则人任焉,敏则有功,惠则足以使人。"

【译文】
子张问怎样做才能称之为仁。孔子说:"能在天下推行五种品德，就是仁了。""哪五种？"孔子说："庄重、宽厚、诚实、勤敏、恩惠，庄重就不会受侮辱，宽厚就会得到拥护，诚实就会受到重用，勤敏就会获得成功，有恩惠就能指挥得动别人。"

【评析】

在《论语》里，孔门弟子向孔子问仁的有颜回、冉雍、司马牛、樊迟等人，孔子对此有不同回答，如他回答颜回的是"克己复礼为仁"，回答司马牛的是"仁者，其言也讱"。子张热衷于从政，所以孔子从当政者的角度阐释如何践行仁，也是为官之道。从孔子回答学生问仁可以看出孔子因材施教的特点。

子曰："由也，女闻六言六蔽①矣乎？"对曰："未也。""居②！吾语女。好仁不好学③，其蔽也愚④；好知不好学，其蔽也荡⑤；好信不好学，其蔽也贼⑥；好直不好学，其蔽也绞⑦；好勇不好学，其蔽也乱⑧；好刚不好学，其蔽也狂⑨。"

【注释】

① 六言：六个字。指仁、知、信、直、勇、刚。

蔽：弊病。

②居：坐。古时弟子答长者问必站立。子路这时候站起来回答孔子的问话，所以孔子要他坐下来听何谓六言六蔽。

③不好学：不喜欢学习。

④愚：愚蠢。这里是愚弄的意思。

⑤荡：放荡，放纵。

⑥贼：贼害。

⑦绞：急切，偏激，说话尖刻。

⑧乱：闯祸。《泰伯篇》："子曰：'恭而无礼则劳，慎而无礼则葸，勇而无礼则乱，直而无礼则绞。'"

⑨狂：不受拘束。

【译文】

孔子说："子路啊，你听说过六言六蔽吗？"子路回答说："没有。""坐下！我告诉你。喜好仁却不喜好学问，弊病是容易被人愚弄；喜好聪明却不喜好学问，弊病是放纵；喜好诚实却不喜好学问，弊病是害了自己；喜好直率却不喜好学问，弊病是说话刻薄；喜好勇敢却不喜好学问，弊病是容易闯祸；喜好刚强却不喜好学问，弊病是胆大妄为。"

【评析】

仁、智、信、直、勇、刚都是好品德,但如果做过了头,就走极端了,会产生不好的后果,比如有些尖酸刻薄的人还自以为直率。通过学习能使人更加理性,知道处事的分寸,故孔子倡导理性的仁、智、信、直、勇、刚。

子曰:"小子何莫学夫诗①?诗,可以兴,可以观,可以群,可以怨②。迩③之事父,远之事君;多识④于鸟兽草木之名。"

【注释】

①莫:没有谁。诗:这里指《诗经》。
②怨:这里指表达哀怨之情。
③迩(ěr):近。
④识(shí):认识,辨别。

【译文】

孔子说:"你们为什么不学《诗》呢?《诗》可以激发人的志趣,可以提高人的观察力,可以培养人的合群,可以抒发内心的哀怨。近可以侍奉父母,远可以侍奉君王;还可以多认识一些鸟兽草木的名称。"

【评析】

《诗经》在孔子所处时代很受重视,很多场合都用得上,故孔子讲"不学诗,无以言"。这里讲到诗"可以兴,可以观,可以群,可以怨",是指诗在培养人的精神气质上有独特的审美功能,即"诗教"的作用。儒家经典《礼记·经解》中讲道:"孔子曰:'入其国,其教可知也。其为人也,温柔敦厚,《诗》教也。"意思是说到了一个国家,可以从各个方面看出国民的文化教养。若表现出待人温和宽厚的品格,就是有"诗教"的表现。又说:"温柔敦厚而不愚,则深于《诗》者也。""温柔敦厚"却不至于愚蠢,这是因为"诗教"发挥了作用。诗教有益,所以孔子督促弟子们多学习《诗经》。

子曰:"礼云礼云,玉帛云乎哉?乐云乐云,钟鼓云乎哉?"

【译文】

孔子说:"礼呀礼呀,仅是指玉帛等礼物而说的吗？乐呀乐呀，仅是指钟鼓等乐器而说的吗？"

【评析】

孔子认为玉帛、钟鼓不过是礼乐的形式，重要的是礼乐制度，尤其是内心的情感，这才是礼乐之本。

子曰："色厉而内荏①，譬诸小人，其犹穿窬②之盗也与？"

【注释】

①厉：严肃；严厉。荏（rěn）：柔弱；怯弱。
②穿窬（yú）：从墙上挖洞。

【译文】

孔子说："外表威严而内心怯懦的人，用小人作比喻，就像挖墙洞的小偷吧？"

【评析】

问心无愧才能做到内心坦然，若做不到，即便装出一本正经的样子也是枉然。孔子对"色厉而内荏"这类人的描写入木三分。

子曰:"乡愿①,德之贼②也。"

【注释】

①乡愿:指那些没有原则,一味迎合别人的人。类似今天所说的"老好人"。

②贼:贼害。这里指败坏道德的人。

【译文】

孔子说:"老好人是败坏道德的人。"

【评析】

孔子很讲原则,认为那些唯唯诺诺、左右逢源的好好先生,实际上是败坏道德的人,因为他们混淆了是非观念。孔子曾经说过:"匿怨而友其人,左丘明耻之,丘亦耻之。"(《公冶长篇》)有次子贡问他:"乡人皆好之,何如?"孔子回答说:"未可也。"子贡又问:"乡人皆恶之,何如?"孔子回答说:"未可也。不如乡人之善者好之,其不善者恶之。"(《子路篇》)

子曰:"道听而途说①,德之弃也。"

【注释】

①道听而途说：路上听到了又随便在路上传给他人。道、途，都指道路。

【译文】

孔子说："把路上听到的又传给别人，这是对道德的丢弃。"

【评析】

道听途说是不负责的表现。有责任感、道德感的人一定会对听到的信息进行甄别，而不是人云亦云。许多谣言就是道听途说引发的。

子曰："鄙夫可与事君也与①哉？其未得之也，患得之②。既得之，患失之。苟患失之，无所不至矣。"

【注释】

①鄙夫：人品鄙陋、见识浅薄的人。与：前一个"与"犹"以"，后一个"与"同"欤"。
②患得之：按文意，当为"患不得之"。

【译文】

孔子说:"鄙陋之人能够与之共同侍奉国君吗?这种人没有得到时,生怕得不到。得到后,又怕失去。一旦害怕失去,他什么事都干得出来。"

【评析】

计较个人利益,就会患得患失。患得患失的人会经常搞小动作,耍坏心眼,甚至突破道德底线的事都干得出来。

子曰:"予欲无言。"子贡曰:"子如不言,则小子何述焉?"子曰:"天何言哉?四时①行焉,百物生焉,天何言哉?"

【注释】

①四时:四季。

【译文】

孔子说:"我不想讲话了。"子贡说:"您如果不讲话,那么我们学生怎么传达呢?"孔子说:"天说过什么呢?天不说话,照样四季运行,百物生长,天说过什么呢?"

【评析】

孔子说"予欲无言",是想让子贡等人明白他们老师的教育是效法天,以行为教,这种以自身行为来教育人的方式被称为"不言之教",也叫"不言之化"。早期儒家与道家有许多相通之处,比如将自然现象的天视作四时运行、万物生生不息,虽然不说话但又使自然界秩序井然的客观实体。孔子在这里告诫学生,重要的不是接受知识,而是探求事物的本真,寻求变化无穷的天道。

子曰:"饱食终日,无所用心,难矣哉!不有博弈①者乎?为之,犹贤乎已②。"

【注释】

①博:局戏,古代的一种棋局,掷骰(tóu)子。俗称掷色(shǎi)子。弈(yì):围棋。
②贤:超过。已:止。指啥事也不干。

【译文】

孔子说:"整天吃饱了饭,啥都不想花心思,这就难办了!不是有掷骰子下围棋的游戏吗?玩玩这个也总比啥都不干要强。"

【评析】

孔子说过:"群居终日,言不及义,好行小慧,难矣哉!"(《卫灵公篇》)他讨厌那些终日游手好闲的人,就是掷骰子下棋也要比啥都不干的强。孟子对这类人批评更为尖刻:"人之有道也,饱食,暖衣,逸居而无教,则近于禽兽。"(《孟子·滕文公上》)

子贡曰:"君子亦有恶①乎?"子曰:"有恶:恶称人之恶者,恶居下流而讪②上者,恶勇而无礼者,恶果敢而窒③者。"曰:"赐也亦有恶乎?""恶徼以为知者④,恶不孙以为勇者,恶讦⑤以为直者。"

【注释】

①恶(wù):讨厌,憎恨。下文"称人之恶"的"恶",音è,不好,缺点。

②讪(shàn):讥讽,诽谤。此句杨伯峻认为"流"字衍文(刻误多出的字)。

③果敢：勇敢而有决断。窒（zhì）：堵塞，不通。
④徼（jiāo）：窃取，抄袭。知：同"智"。
⑤讦（jié）：揭发别人的隐私，攻击别人的短处等。

【译文】

子贡问："君子也有厌恶的人吗？"孔子说："有厌恶的：厌恶老是揭别人短处的人，在下位而诽谤上级的人，厌恶有勇气却粗鄙无礼的人，厌恶办事果断但执拗的人。"孔子问："赐，你也有厌恶的人吗？"子贡说："厌恶把剽窃当作聪明的人，厌恶把不谦虚当作勇敢的人，厌恶把揭人隐私却当作直率的人。"

【评析】

孔子师徒列举了他们所厌恶的行为。这些行为都是不懂礼义和秩序，却自以为是所造成的。君子通过内省提升修养，做事注意分寸，就不会犯这些错误。

子曰："唯女子与小人为难养也①，近之则不孙，远之则怨。"

【注释】

①唯：语气助词，无实意。养：培养；修养。女子与小人：朱熹《论语集注》将"小人"解为"仆隶下人"，将"女子与小人"解为"臣妾"，即家里的女仆与男仆。其实无论是泛指女子和地位低的普通人，还是特指"臣妾"，"近之则不孙，远之则怨"的心理是相同的。

【译文】

孔子说："女子与小人难以培养，接近了就会放肆无礼，疏远了就会怨恨。"

【评析】

经常有人据此认为孔子歧视女性，其实不然。在当时的历史条件下，女性政治经济地位低下，缺乏受教育的机会，因此人格上无法独立。女人和小人地位都低，当然女人更低一些，这是客观事实。因为女人和小人地位低下，故对地位、名望尊崇的君子有一种仰视和崇拜心理。但是仰视和崇拜往往需要保持一定的距离才能维持，否则就会失去原有的神秘感和敬仰之心。这是因为人与人之间的差距其实并没有想象中那么大，正如俗话"为人不当官，当官都一般"。若太接近，君子的神秘感消失，缺点也会逐渐暴露，形象就大打折扣,这样女人和小人就会觉得所谓的君子也就那么回事。孔子已经够优秀的了,但他的邻居并不高看他,称他为东家的阿丘。"世人多蔽,贵耳贱目,重遥轻近,少长周旋,如有贤哲,每相狎侮,所以鲁人谓孔子为东家丘"(《颜氏家训·慕贤》)。

女人、小人跟君子套近乎,是希望能拯救自己的自卑心,同时获得帮助。若对方疏远自己,肯定会觉得受到了歧视,自尊心很受伤,因此心怀怨恨。所以跟小人相处,应当保持一定距离,既不要太亲近,也不要过于疏远。

人类进入近代社会以后,女性逐渐得到解放,政治经济地位和受教育程度都有了很大提升,"女子与小人为难养"应放在当时的背景下去理解。

微子篇第十八

柳下惠为士师①,三黜②。人曰:"子未可以去乎?"曰:"直道而事人,焉往而不三黜?枉道而事人,何必去父母之邦?"

【注释】

①柳下惠:姬姓,展氏,名获,字禽,又季,鲁国柳下邑人(今孝直镇人)。曾任鲁国士师,掌管刑罚狱讼之事。士师:狱官,执掌刑狱之事。

②三黜(chù):多次被罢官。黜,罢免,废除。

【译文】

柳下惠做司法官,多次被撤职。有人对他说:"您不可以离开鲁国吗?"他说:"正直地工作,到哪里去不也多次被撤职?不正直地工作,为什么一定要离开父母所在的国家呢?"

【评析】

不管何种情形,人都要保持正直的品格,柳下惠因为不肯"枉道而事人",被多次罢黜,依然无怨无悔。既然哪个地方的政治都不尽如人意,那不如就待在自己的国家做事。

楚狂接舆①歌而过孔子曰:"凤兮凤兮!何德之衰②?往者不可谏,来者犹可追③。已而,已而!今之从政者殆④而!"孔子下,欲与之言。趋而辟⑤之,不得与之言。

【注释】

①接舆:当时的隐士,并非真实姓名。《论语》中的隐士多以事命名,如看门的称"晨门",执杖的称"丈人",接孔子之舆者称"接舆"。

②何德之衰:古代人认为,天下有道时凤凰才出现,天下无道时就隐去。接舆以凤凰比喻孔子,讽刺他在天下无道时却不隐去,是一种德行衰败的表现。

③犹可追:还来得及的意思。

④殆:危。此句谓当政者危殆,已不可救药。

⑤辟:同"避"。

【译文】

楚国的狂人接舆路过孔子车子时唱道:"凤凰呀,凤凰呀!你的德行为什么衰败了呢?过去的不可挽回,未来的还可以补救。算了吧,算了吧!现在那些执政者已经不可救药了！"孔子下车，想同他说话。他赶快避开了，孔子没能与他交谈。

【评析】

孔子明知不可为而为之，具有强烈的入世情怀，因此跟隐士的处世方式不同。

周公谓鲁公①曰："君子不施②其亲，不使大臣怨乎不以③。故旧无大故，则不弃也。无求备于一人。"

【注释】

①周公：周公旦。鲁公：周公的儿子，名伯禽。
②施（chí）：同"弛"。
③以：用。

【译文】

周公对鲁公说："君子不怠慢自己的亲属，不使大臣抱怨不受重用。如果老臣旧友没犯大错，就不要抛弃他们。不要对人求全责备。"

【评析】

周公旦是孔子心目中的圣人。这里是讲君子当以仁厚之心对待大臣故旧。

子张篇第十九

子张曰:"士见危致命,见得思义,祭思敬,丧思哀,其可已矣①。"

【注释】
①已矣:语气词。

【译文】
子张说:"读书人应该遇到危难奋不顾身,见到利益考虑是否符合道义,祭祀时考虑是否恭敬,居丧时考虑是否悲戚,这样就可以了。"

【评析】
这是孔子对士人订立的行为规范。

子张曰:"执德不弘,信道不笃,焉能为有?焉能为亡?"

【译文】
子张说:"执守道德却不能发扬光大,信仰道义却不够坚定,这样的人有他不算多,没他不算少。"

【评析】

这里孔子阐述怎样才能算一个合格的士。"士不可不弘毅。"(《泰伯篇》)士肩负着历史使命,因此理想和信念一定要坚定,要身体力行,这样才能算得上名副其实的士。

子夏之门人问交①于子张。子张曰:"子夏云何?"对曰:"子夏曰:'可者与之,其不可者拒之。'"子张曰:"异乎吾所闻:君子尊贤而容众,嘉善而矜②不能。我之大贤与③,于人何所不容?我之不贤与,人将拒我,如之何其拒人也?"

【注释】

①问交:问交友之道。
②矜(jīn):同情、怜悯。
③与:同"欤"。

【译文】

子夏的学生问子张怎样交朋友。子张问:"子夏怎么说的?"那个学生说:"我们老师讲:'值得交朋友的就相交，否则就拒绝。"子张说："我听到的与这不同：君子尊重贤人，容纳众人；赞扬善人，同情弱者。如果我是个大贤人，什么人不能容纳？如果我不贤良，人人都会拒绝我，那我又怎么能拒绝人家呢？"

【评析】

子夏所说的"可者与之，其不可者拒之"，跟孔子讲的"无友不如己者"（《学而篇》）和"益者三友，损者三友"（《季氏篇》）是一致的。但子张所说的"异乎吾所闻"，应当也是听孔子说的，孔子根据子张、子夏的不同个性而回答，体现了他因材施教的特点。孔子认为，交友既不能滥交，也不能过于褊狭。子夏为人随和宽厚，孔子担心他交友过滥，于是告诫他可以交往的才交往，不可以交往的就应断然拒绝。子张待人较为苛刻，孔子便教育他既要与贤者为友，也要容纳有缺点的人。

子夏曰："虽小道①，必有可观者焉；致远恐泥②，是以君子不为也。"

【注释】

①小道:指众技百工,农圃医卜等才艺。

②泥(nì):拘泥。

【译文】

子夏说:"即使是小的技艺,也必定有可取的地方;但要想做大事就有局限了,所以君子不搞这些小技艺。"

【评析】

孔子认为"君子不器",所以他不赞同君子从事技艺方面的工作。君子追求道当然可贵,但同时排斥、轻视技艺,这对后来中国科技的发展产生了不良影响。

子夏曰:"日知其所亡①,月无忘其所能,可谓好学也已矣。"

【注释】

①亡:同"无"。

【译文】

子夏说:"每天都学到以前所不知道的,每月都不忘记学会的东西,就算好学了。"

【评析】

学习需要日积月累,在不断学习新知识的同时,复习旧知识,这样就很牢固了。根据研究,遗忘在学习一结束就开始,而且遗忘的进程并不是均匀的,最初遗忘速度很快,以后逐渐缓慢。因此要养成及时复习的习惯。

子夏曰:"博学而笃志①,切问而近思②,仁在其中矣。"

【注释】

①笃志:坚定志向。笃,坚定。
②切问:恳切地发问求教。切,恳切。近思:指考虑一些目前要办而没有办到的事,不要不切实际地想那些自己做不到的事。

【译文】

子夏说:"广泛地学习,坚定自己的志向,恳切地向人请教不明白的问题,思考当前的问题,仁德就在其中了。"

【评析】

儒家追求修身、齐家、治国、平天下的政治主张和社会理想，博学、笃志、切问、近思就是思考的顺序，进而转化为实践上的自觉，这样就能不断接近并且行仁，所以说仁就在其中了。

子夏曰："小人之过也必文①。"

【注释】
①文：文饰。

【译文】
子夏说："小人犯了错一定会加以掩饰。"

【评析】

"文过饰非"已成为一个成语。孔子说："过而不改，是谓过矣。"（《卫灵公篇》）"过则不惮改"（《学而篇》），所以君子和小人面对错误的态度截然不同。

子夏曰:"君子有三变:望之俨然,即之也温,听其言也厉。"

【译文】

子夏说:"君子有三变:看起来很严肃,接触后感觉温和可亲,听他说话却很严厉。"

【评析】

过于严肃让人不易接近,太过随和又难以树立威严,君子能很好地把握二者之间的度,这需要很深的涵养才能达到。

子夏曰:"君子信而后劳[1]其民;未信,则以为厉[2]己也。信而后谏;未信,则以为谤[3]己也。"

【注释】

[1]劳:役使;烦劳。
[2]厉:严肃,严厉。这里有虐待、折磨的意思。
[3]谤:诋毁。

【译文】

子夏说:"君子得到民众的信任后才可以役使他们;没有得到信任时,民众会以为是在折磨他们。得到信任后才可以进谏;没得到信任,会以为你在诋毁他。"

【评析】

"民无信不立。"(《颜渊篇》)只有上下互信,才能更好地沟通和合作共事。

子夏曰:"大德不逾闲①,小德出入可也。"

【注释】

①闲(xián):同"阑",木栅栏。引申为法度,限制。

【译文】

子夏说:"大节上不要超越界限,小节上有点出入是可以的。"

【评析】

大德指大的原则问题,小德指一些细枝末节的问题，本章的意思是只要把握好原则问题，细枝末节的问题就不用太在意了。这里所谓的"大德""小德"，是指个人处事的方式，并非指道德品格方面。若道德品格可以有"出入"，那尺度就难掌握了。这里涉及的是原则性和灵活性的问题。

子夏曰："仕①而优则学，学而优②则仕。"

【注释】
①仕：做官。
②优：多，充裕。

【译文】
子夏说："当官完成本职工作还有余力就去学习，完成学业还有余力就去当官。"

【评析】
凡读书或做官游刃有余的人，才能兼顾二者。若当官政务都应付不过来，哪有心思读书？若读书都觉得费劲，哪有能力去做官？

孟氏使阳肤为士师①，问于曾子。曾子曰："上失其道，民散②久矣。如得其情，则哀矜③而勿喜！"

【注释】
①孟氏：孟孙氏。鲁国三桓之一。阳肤：曾子的学生。士师：典狱官。
②散：离散，分散，指流离失所。
③矜：怜悯，同情。

【译文】
孟孙氏让阳肤当法官，阳肤向曾子请教。曾子说："执政者丧失道义，民众流离失所很久了。如果了解到案情的真相，就应该怜悯他们，不要因此而沾沾自喜！"

【评析】
曾子认为法官应怀一颗仁慈之心，了解案件背后的民情和前因后果，不要仅仅因为自己能办案而得意。

子贡曰："纣①之不善，不如是之甚②也。是以君子恶居下流③，天下之恶皆归焉。"

【注释】

①纣（zhòu）：殷商的末代君主，名辛，"纣"是他的谥号。周武王伐纣，他自焚而死。纣历来被认为是个暴君。

②是：这，这样。甚：厉害，过分。

③下流：地形低下，水流汇聚之所。

【译文】

子贡说："纣王的无道，并不像传说的那样严重。所以君子讨厌处在低下的位置，不然天下所有的坏名声都集中到他身上。"

【评析】

殷纣王其实是一位有所作为的君主，并没有传说中那么坏，但因为成者王，败者寇，残暴无道已成为他洗脱不掉的恶名。子贡能说出"纣之不善，不如是之甚"，足见其实事求是的态度。

子贡曰："君子之过也，如日月之食①焉：过也，人皆见之；更②也，人皆仰之。"

【注释】

①日月之食:日月亏蚀。食,后来写作"蚀"。

②更(gēng):改变,变化。

【译文】

子贡说:"君子的过错,像日食月食:一有过错,人人都能看见;一旦改正,人人都会仰望。"

【评析】

敢于承认并改正错误,不仅不会损害自己的形象,反而会使自己的形象更高大。

卫公孙朝①问于子贡曰:"仲尼焉学?"子贡曰:"文武之道②,未坠于地③,在人。贤者识④其大者,不贤者识其小者。莫不有文武之道焉。夫子焉不学?而亦何常师之有?"

【注释】

①卫公孙朝:卫国大夫。

②文武之道:指周文王、周武王的治国之道。

③未坠于地:文化的传承在人,若没有人去传承,仅存在于物质形态当中,则可视作"坠于地"。

④识：记。

【译文】

卫国的公孙朝问子贡："孔子的学问是从哪里学来的？"子贡说："文王武王之道，并没失传，还在人间。贤人能抓住其中大的方面，不贤的人只能抓住其中小的方面。文王武王之道无处不在。我们的老师何处不能学习？他哪里有固定的老师？"

【评析】

孔子知识渊博，学问来源多个方面。他提出教学相长，有些观点就是在师生互动之中产生的。他还说过"三人行，必有我师焉"，主张吸纳众人之所长。

叔孙武叔①语大夫于朝曰："子贡贤于仲尼。"子服景伯②以告子贡，子贡曰："譬之宫墙③，赐之墙也及肩，窥见室家之好。夫子之墙数仞④，不得其门而入，不见宗庙之美，百官⑤之富。得其门者或寡矣，夫子之云，不亦宜⑥乎！"

【注释】

①叔孙武叔:鲁大夫,名州仇。

②子服景伯:子服氏,名何,鲁大夫。

③宫墙:帝王住所的围墙。这里泛指房子和院落的围墙。

④仞(rèn):古代长度单位,周制八尺,汉制七尺。

⑤官:其本义为房舍,后引申为官职。这里指房舍。

⑥宜:当然,自然。

【译文】

叔孙武叔在朝廷上对大夫们说:"子贡的才能超过了孔子。"子服景伯把这话告诉子贡。子贡说:"拿围墙作比喻吧,我的围墙齐肩高,站在墙外就能看到我家里富丽堂皇。我老师的围墙几丈高,如果不从大门进去,就看不见宗庙的庄严壮美,房舍的众多。能进得门的人很少,武叔先生这么说,不也很自然吗?"

【评析】

子贡很有才能,无论从政还是经商都很成功。孔子死后,子贡在鲁国、卫国任大夫,威信很高,当时有人认为他比孔子强。但子贡听说后认为这些人是不懂门道,认识不到孔子的伟大之处。他拿宫墙作比喻,可以看出他的机智和幽默。

叔孙武叔毁①仲尼。子贡曰:"无以②为也!仲尼不可毁也。他人之贤者,丘陵也,犹可逾也;仲尼,日月也,无得而逾焉。人虽欲自绝,其何伤于日月乎?多③见其不知量也。"

【注释】

①毁:毁谤。指不顾事实地恶毒攻击。

②以:此。

③多:表示程度的副词,也有人作"只"解。

【译文】

叔孙武叔诽谤孔子。子贡说:"不要这样做!孔子是诽谤不了的。其他人的贤能,好比丘陵,还可以超越;孔子就像日月,别人没法超越。虽然有人要自绝于日月,但对日月又有什么损害呢?这恰恰表明他不知轻重罢了。"

【评析】

子贡始终是孔子光辉形象的坚定捍卫者。

陈子禽谓子贡曰:"子为恭也,仲尼岂贤于子乎?"子贡曰:"君子一言以为知,一言以为不知,言不可不慎也。夫子之不可及也,犹天之不可阶①而升也。夫子之得邦家者,所谓立之斯立,道②之斯行,绥③之斯来,动之斯和。其生也荣,其死也哀,如之何其可及也?"

【注释】

①阶:阶梯。
②道:同"导"。
③绥(suí):安抚。

【译文】

陈子禽对子贡说:"你是谦虚吧,孔子难道比你强?"子贡说:"君子一句话就能表现出明智,一句话也能表现出愚蠢,所以说话不可以不谨慎。我老师高不可及,如同天不能搭阶梯爬上去一样。他如果有机会得到邦国而去治理它,就能做到我们所说的,一叫百姓以礼而立,百姓就会以礼而立;一引导百姓,百姓就会跟着走;一安抚百姓,百姓就会前来归顺;一动员百姓,百姓就会同心协力。老师他活得光荣,死了人们感到悲戚,这怎么能赶得上呢?"

【评析】

看得出子贡口才好,情商高,难怪他既会做官,又会做生意。

尧曰篇第二十

子张问于孔子曰:"何如斯可以从政矣?"子曰:"尊五美,屏①四恶,斯可以从政矣。"子张曰:"何谓五美?"子曰:"君子惠而不费②,劳而不怨,欲而不贪,泰而不骄,威而不猛。"子张曰:"何谓惠而不费?"子曰:"因民之所利而利之,斯不亦惠而不费乎?择可劳而劳之,又谁怨?欲仁而得仁,又焉贪?君子无众寡,无小大,无敢慢③,斯不亦泰而不骄乎?君子正其衣冠,尊其瞻④视,俨然⑤人望而畏之,斯不亦威而不猛乎?"子张曰:"何谓四恶?"子曰:"不教而杀谓之虐⑥,不戒视成⑦谓之暴,慢令致期谓之贼⑧,犹之⑨与人也,出纳之吝谓之有司⑩。"

【注释】

①屏(bǐng):排除。
②惠而不费:指施惠于民,但又没有多大的耗费。
③慢:怠慢。
④瞻:向前望或向上望。引申为敬仰,仰望。
⑤俨然:庄严的样子。

⑥不教而杀：指事先不教育人，一犯错误就惩罚。杀，处罚，处死。虐：残暴。

⑦不戒视成：不事先告诫而临时问责。戒，警告。视成，责验其成。

⑧慢令致期：自己延误了命令，却要人家限期做好。慢令，缓令。致期，限期。贼：邪恶。

⑨犹之：同样地。

⑩出纳：这里是支出的意思。出，付出。纳，收入。有司：各部门。

【译文】

子张问孔子："怎样才能治国理政呢？"孔子说："尊五美，去四恶，就可以从政了。"子张问："什么是五美？"孔子说："君子给民众实惠而耗费不多，役使民众而不招致怨恨，个人有欲望而不贪婪，平易而不骄傲，威严而不凶猛。"子张问："怎样才能给民众实惠而耗费不多？"孔子说："根据民众的利益去做而使他们有利，不就是给民众实惠而耗费不多吗？选择可以动用民力的时间来役使他们，又有谁会怨恨呢？自己需要仁得到了仁，还有什么可贪图的？君子不管人多人少，不管小事大事，都不怠慢，不就是平易近人而不骄傲自大吗？君子衣冠整齐，目不斜视，庄重严肃，人人见了都很敬畏，不就是威严而不凶猛吗?"子张问:"什么是四恶?"孔子说:"不事先教育便惩罚叫作虐,不事先申诫便要成绩叫作暴,开始慢吞吞突然限期完成叫作害人,同样是给人财物却出手吝啬叫作小气。"

【评析】

孔子通过答子张问,总结了历代圣君贤相治国理政的经验。

子曰:"不知命,无以为君子也;不知礼,无以立也;不知言,无以知人也。"

【译文】

孔子说:"不明白上天赋予的使命,就不能成为君子;不懂得礼,就无法立身于社会;不懂得分辨人家说的话,就不能了解人。"

【评析】

这里的"命",既可以指命运,即非人力所能控制、难以预测的外部力量或结果,也可以指上天赋予的使命。这里理解成"使命"可能更合适。君子要知命、知礼、知言,这样才能扮演行道传道的角色。